名师名校名校长书系

研究与引领

校长课程领导力新视野探索

杜 豫 著

东北师范大学出版社

长 春

图书在版编目（CIP）数据

研究与引领：校长课程领导力新视野探索/杜豫著.
—长春：东北师范大学出版社，2017.8
ISBN 978-7-5681-3668-6

Ⅰ.①研… Ⅱ.①杜… Ⅲ.①校长—学校管理—研究
Ⅳ.①G471.2

中国版本图书馆CIP数据核字（2017）第224378号

□策划创意：刘　鹏
□责任编辑：王　静　石纯生　　□封面设计：姜　龙
□责任校对：马海斯　刘彦妮　　□责任印制：张允豪

东北师范大学出版社出版发行
长春净月经济开发区金宝街118号（邮政编码：130117）
电话：0431-84568033
网址：http://www.nenup.com
北京言之凿文化发展有限公司设计部制版
北京市华审彩色印刷厂印装
北京市大兴区西红门镇一村（邮政编码：100162）
2017年9月第1版　2018年6月第2次印刷
幅面尺寸：170mm×240mm　印张：11.75　字数：186千

定价：36.00元

目录

第一章 校长课程领导力与学校课程规划

第一节 校长课程领导力 ………………………………………… 2
一、校长课程领导力的内涵 …………………………………… 2
二、校长课程领导力的特征 …………………………………… 3
三、校长课程领导力的组成部分 ……………………………… 4
四、校长课程领导的核心理念 ………………………………… 6

第二节 学校课程规划 …………………………………………… 14
一、学校课程规划符合教育发展趋势 ………………………… 14
二、学校课程规划符合课程教学要求 ………………………… 15
三、学校课程规划的重要性 …………………………………… 17

第二章 校长课程领导力之执行力研究

第一节 校长课程执行力的影响因素 …………………………… 22
一、课程政策因素影响校长的执行方向 ……………………… 22
二、校长自身因素影响校长的执行力度 ……………………… 24
三、教师支持因素影响校长的执行广度 ……………………… 27
四、资源条件因素影响校长的执行深度 ……………………… 30

第二节　流程是校长课程执行力的保障 …… 34
一、课程执行计划流程是校长课程执行力的前提 …… 34
二、课程执行人员流程是校长课程执行力的核心 …… 38
三、课程执行环境流程是校长课程执行力的基础 …… 43

第三章　校长课程领导力形成因素及提升途径

第一节　校长课程领导力形成因素 …… 50
一、教育制度层面因素 …… 50
二、思想文化层面因素 …… 53
三、校长自身层面因素 …… 55
四、支撑环境层面因素 …… 57

第二节　校长课程领导力提升途径 …… 60
一、更新思想观念：增强课程领导意识 …… 60
二、促进专业成长：丰富课程领导知识 …… 64
三、落实赋权增能：提高课程领导能力 …… 67
四、积累实践智慧：改善课程领导作为 …… 70

第四章　校长课程领导力提升影响因素与策略

第一节　校长课程领导力提升影响因素 …… 78
一、分布式领导与校长课程领导力的提升 …… 78
二、校长专业化与校长课程领导力的提升 …… 80
三、"自在""自为"与校长课程领导力的提升 …… 82
四、开放式文化与校长课程领导力的提升 …… 84

第二节　（文化绿城小学）校长课程领导力提升具体策略 …… 86
　一、时代背景分析 …… 86
　二、研究过程 …… 86
　三、研究方法 …… 87
　四、研究内容 …… 87
　五、效果与反思 …… 95

第五章　校长引领校本课程研究与开发

第一节　校长引领校本课程建设符合国家政策和学校发展趋势 …… 98
　一、校本课程是三级课程的重要组成部分 …… 98
　二、校本课程推动课程多样化发展 …… 99
　三、校本课程体现素质教育的基本理念 …… 102

第二节　校长引领校本课程研究与开发的价值和意义 …… 103
　一、校本课程能够促进学生个性发展 …… 103
　二、校本课程能促进教师的专业发展 …… 104
　三、校本课程能促进学校特色的形成 …… 106
　四、校本课程能促进教育事业的发展 …… 107
　五、校长要明确校本课程领导和管理职责 …… 109

第三节　让国家课程散发校本魅力 …… 112
　一、实施背景 …… 112
　二、实施步骤 …… 113
　三、实施策略 …… 113
　四、效果与愿景 …… 118

第六章　新课程改革与校长课程领导力

第一节　新课改背景下的校长角色定位 …………………………… 120
　　一、课程领导者 ………………………………………………… 120
　　二、课程学校文化营造者 ……………………………………… 122
　　三、新课程改革的服务者与协调者 …………………………… 123

第二节　新课程改革背景下的校长角色转变 ……………………… 124
　　一、观念变革 …………………………………………………… 124
　　二、行为改进 …………………………………………………… 126
　　三、制度保障 …………………………………………………… 128

第三节　校长在课程建设中的重要性及功能 ……………………… 131
　　一、校长在课程建设中的重要性 ……………………………… 131
　　二、校长在课程建设中的应有功能 …………………………… 132

附　录 ………………………………………………………………… 139
　　金水区文化绿城小学课程规划总体方案 …………………… 139
　　立雅求美　雅美共生——"雅美课堂文化形态"认定总结报告 …… 164

第一章 校长课程领导力与学校课程规划

第一节　校长课程领导力

一、校长课程领导力的内涵

领导力是决定领导者领导行为的内在力量。是实现群体或组织目标、确保领导过程顺畅运行的动力。一般来说，领导力可以被形容为一系列行为的组合，这些行为将激励人们跟随领导者去要去的地方，而不是简单的服从。领导力存在于我们周围，无论是在政府、军队，还是在公司、学校，甚至到一个小家庭，我们可以在各个层次、各个领域看到领导力，它是我们做好每一件事的核心。领导力是所有人类组织的核心竞争力之一。对于学校这个特殊的组织来说，校长领导力也显示了其重要的意义。

校长的领导力是学校发展的一个重要因素，发挥着核心作用，它左右着学校的基本政策、发展方向、管理方式、教学状态等关键方面。依校长在学校中承担的责任与扮演的角色来作为分类标准，校长的领导力可以分为道德领导力、教学领导力、课程领导力等。从这样的分类来看，校长的课程领导力是指向课程这一具体工作内容和范围的。课程是学校提供给学生在学校期间得以获取知识、能力、人格以及学习经历等一切活动的总和。新课程强调在课程标准下，根据学校和学生的实际情况恰当地对课程资源进行整合和开发，使学生得到最大限度的发展，这是一个以学校为主体的重构国家课程的动态过程，即国家课程的校本化实施。其中校长的角色定位，决定了校长必须承担更多的课程领导责任。校长应始终坚持"以学生发展为本"的理念，统筹人、财、物等资源，本着有益于提高教与学的效率，有益于学生全面、有个性地发展等原则，科学制订和有效实施学校课程计划。要用正确的教育思想引领教师实施新课程，为教师参与课程领导提供民主、开放、合作的氛围，共同探究课程问题，为每一位教师创设发展的机会、条件和空间，组建强有力的教师团队。

基于此，笔者把校长课程领导力定义为：校长作为课程领导者在课程实践中吸引和影响教师及其利益相关者实现改善学生学习品质、促进教师专业发展、提升课程质量的领导品质。

二、校长课程领导力的特征

课程领导力是校长领导力的一个重要组成部分，是校长对课程实施领导的过程中带动和影响他人的一种领导品质，贯穿于课程设计、课程实施与课程评价的过程中。校长课程领导力除具有领导力的一般特征外，还具有一些自身特征，这主要表现为以下几个方面。

1. 校长课程领导力是课程领导情境下的统一体

校长课程领导力是校长课程领导知识、课程领导能力、课程领导作为以及课程领导意识在课程领导情境下共同作用的统一体。在校长课程领导力中，校长的个人能力固然重要，而且它是校长课程领导力的现实内容和基础，但校长课程领导力却不等同于课程领导力。校长一方面需要整合各种课程领导知识并通过课程领导实践使这些知识升华为课程领导力，另一方面需要通过课程领导作为能力影响组织目标及其实现过程。其中，校长课程领导知识是课程领导能力的元素和基础，课程领导力决定着课程领导作为的质量与效果，而课程领导作为是课程领导知识的主要来源之一。校长课程领导力还应包含校长的课程领导意识。这是因为，课程领导是近年来在课程领域内出现的新理念，对它的研究兴起于20世纪70年代的美国，而在我国，它是伴随着新一轮的基础教育课程改革才逐渐被关注的。由于我国长期受苏联教育思想的影响，课程或者被排除在外，或者只是作为教学的一部分，在学校教师和校长的印象中，课程观念十分遥远，更不用说课程领导了。另外，传统线性的、机械的课程管理方式也使校长只有课程或教学管理思想，没有课程领导理念和意识，因而造成了校长课程领导理念和意识的淡薄。基于这样的领导情境，如果校长不具有课程领导的意识，也就谈不上课程领导力的提升。因此从这个意义上说，校长课程领导力是校长课程领导知识、课程领导能力、课程领导作为以及课程领导意识的统一体，四者之间相互作用，缺一不可。

2. 校长课程领导力是校长行政权力与专业权威的有机统一

权力是行政职位的产物，一个人一旦成为校长，那么这个职位本身就赋予了他很多权力。可以说，权力在某种程度上为领导力的发挥提供了某种便利，当课程改革遇到阻力时，校长可以借助一定的行政权力。但是，校长课程领导力并非附属于职位之上，并不等同于校长职位权力，这是因为课程领导还是一种专业行为。如果校长仅凭其职位和权力来发号施令，课程领导就难以有效实施。一旦校长的命令不被教师所认可，就会导致教师的不满和反对，结果就会适得其反。因此，对每一位校长来说，都有一个角色认知、角色转变以及权威重构的过程。校长不应满足于行政权力，还要成为真正的专业权威，唯有如此，校长课程领导力才能真正得以形成。

3. 校长课程领导力是校长与追随者的合力

课程领导是一种合作行为，校长无论多么有天赋，一个人都不可能单独完成课程领导活动。唯一可行的是创建一个优势互补的课程领导者团队，成立包括校长、教师、学生、家长、专家学者以及社区人士等共同组成的课程领导小组，整合各方的观点，通过真诚的沟通而达成共识，自下而上地建构起学校课程发展规划，共同制定适合学校本土情况的课程发展目标，确定课程领导的工作范围和职能。校长应靠领导力不断将管理团队、教师以及与课程利益相关的人士吸引到课程变革的伟大事业中来，靠调动群众的积极性去实现共同的课程变革的目标。从这个意义上说，校长课程领导力是校长与追随者相互作用的合力，是校长与追随者为实现共同的课程目标而迸发的一种思想与行为的能力。

三、校长课程领导力的组成部分

校长课程领导力具有丰富的内涵与外延，并且不能用单纯的能力或是素质进行评定。校长课程领导力的形成受多种因素的交叉影响，并最终形成一种典范式的综合素养。因此，笔者在分析了校长课程领导力的相关文献之后，提炼出校长课程领导力的组成部分，包括如下几个方面。

1. 课程的准确理解力

在以学校为背景的课程环境中，校长应对课程的本质进行深层次的解读和剖析。这种内在的要求决定了校长对于课程内涵的理解程度，因此，校长应准确理解以下几方面的内容：首先，准确地理解、把握国家课程。国家课程即以公民达到国家规定的基础教育的素质要求为前提，由教育部颁布的反映国家意志的基础性课程。依据各教育阶段的不同性质，国家课程负责指定学科的课程标准，并编订教科书。其次，准确理解校本化的实施国家课程。"校本化的实施国家课程是学校根据自身性质、特点和条件，将国家层面上规划和设计的学习经验转变为适合本校学生需求的创造性实践。"所以说，这一实施过程需要通过校长与教师进行二次开发国家课程来实现。最后，明确校本课程的"应然地位"。校本课程应立足于本校的课程特点及需要，并将师生关系、教学情景及教学内容等因素纳入考虑范围，为教育目的的达成采取切实可行的方案。

2. 课程的组织开发力

校长应在落实具体课程计划的基础上，对课程加以组织，由此将理想的课程转变成现实。在课程实践中由于主体的差异会存在两种课程开发模式：第一种是国家课程开发，它指的是我国教育主管部门主导进行的一系列对于课程进行开发的模式。涵盖了对国家课程政策与课程计划的制定。第二种是学校课程开发，它是指将学校作为主体进行的课程开发活动。包括对国家课程进行"校本化"实施，研制校本课程的课程标准并确定教材的选用，制定属于本校的课程改革方案。这两种开发模式都需要具备相应的课程资源作为发展动力，因此，校长需要根据课程政策与课程目标，寻求并开发课程资源。开发课程资源应在学校、家庭、社会的有机联系之中，创建积极的学校文化，使得学校的隐性课程与显性课程能得到开发。

3. 课程的指导执行力

校长的执行力体现为校长通过资源的优化配置与方法的利用以达成目标的能力。这一概念将教育行政部门视为"决策者"，并与之相对应。校长不仅应对课堂教学进行具体的把握，还要指导教师把握适度性、有效性等教学原则，以确保教师的"教"与学生的"学"相适应。它是校长在影响课程的各方面因素作用下保证课程政策目标实现的有效力。校长对课程的指导执行力要求校长应将"知"与"行"相结合。"知"即是校长对国家课程政策及课程改革的具体目标的认知，正确理解课程政策为校长课程策略的执行做出目标导向。"行"是校长课程的指导执行力的具体化过程，目的是将课程政策的目标转为

具体的实施行为。

4. 课程的监控评价力

校长应对学校课程实施环节加以监控，并且针对课程实施中遇到的具体问题进行评价。在这一过程中，校长应不断地细化监控与评价的手段与方法，进而保证课程实施的正常进行。从狭义的角度来讲，课程评价应以课程的三维目标为依据，通过一定的方法对学校课程设计、实施的环节进行标准化的考量，进而为学校课程发展提供保障。从广义的角度来讲，课程评价是对课程决策与管理成效、课程开发与设计过程、课程实施及其结果、学生学业、教师施教等方面的评价。因此，校长应对学校课程体系全过程进行把握，确保课程的监控与评价力的发挥。

5. 课程环境的创设力

课程由教师、学生、教材、环境四个要素构成。其中课程环境是由除教师、学生、教材之外的物质的、心理的、社会的、文化的因素构成的，它直接参与课程相互作用的系统之中。由此可以看出，校长对课程环境的创设力直接影响其对课程领导力的把握程度。因此，校长须从学校的自身实际条件出发建立适合本校的课程环境，提高创设力并促进学生与教师共同发展。

四、校长课程领导的核心理念

思想是行动的先导。校长的课程领导在多层级的课程领导体系中发挥着重要作用，而这一作用的切实实现需要校长从理念更新处着手，进而采取某些具体的实践策略。因教师、学生和课程是校长的课程领导面对的主要对象，因此，笔者把教师观、学生观和课程观作为校长课程领导的核心理念。

课程领导不同于传统的课程管理，"主要表现为意在摆脱历来的'管理思想'：自上而下的官僚体制的'监控''管制'。亦即，改变学校接受上级行政部门的指令之后才开始围绕学校的课程展开活动和运作的认识；改变行政和管理是从学校领导和外部提供驱动力的观念。"思想是行动的前奏，课程领导实践的发展必须依靠新的管理思想和理念的生成，校长的课程领导应该在实践之中持有新的教师观、学生观、课程观，这些理念都是学校教育和课程的最基本元素，因此，我们认为这是校长课程领导所应坚持的核心理念。

1. 教师观

（1）教师是课程的组成。

20世纪50年代的新课程运动彰显了教师在课程中的重要作用。校长的课程领导必须坚持教师是课程重要组成的观点，只有这样才能变课程管理为课程领导，提升课程发展品质。

当时，面对科学技术的迅猛发展和社会经济政治等各个领域的广泛变革，世界各国都进行了大规模的课程改革，其中美国的课程改革最为引人注目。美国集中了最优越的智力、财力和物力资源从事统一的国家课程开发。新课程运动广泛传播了课程变革的新观念和新思想，运用认知心理学研究的最新成果，把"结构"与"发现"的观点以及案例教学的方法等引入课程与教学领域，实现了课程与教学从内容到形式的现代化改造。因此，新课程运动也被称为"课程的现代化改革"或"课程的现代化运动"。新课程运动中的课程开发活动无疑是成功的。评论家们指出，新计划是有趣的，甚至是激动人心的，课程集中反映了学科的主要方面，如果呈现得当，学生的课程作业也会对使用者产生极大的吸引力。而且，教师可以得到配备优良的附加材料，无须自己再去搜集辅助性的课程材料。教科书和其他教学材料全部采用了鲜艳的色彩和美术作品，而且编制了高科技的补充材料，引进了广告和休闲业的传播技术。整个课程计划呈现出一派激动人心的新气象。

然而，出人意料的是，新课程使用的学校比例小得惊人，新课程运动并没有取得预期的效果。此次新课程运动集中了美国的著名专家，智力资源非常充足，有着庞大的财力作为支撑，物力资源也是异常充足。新课程运动设计出了高质量的教科书和教学材料，教师无须费力就拥有了丰富的教学材料设备。可是这些因素并没有为开发出的新课程开辟出巨大市场，其中一个重要原因是新课程运动把教师排除在外。

新课程运动主要是专家和学者依据心理学等学科的最新发展理论，设计和规划新课程的，为使新课程能够真正贯彻下去，新课程开发的同时，教科书和辅助材料也被设计出来，教师只需按照课程纲要和教材等按部就班、原封不动地把课程知识传授给学生就可以完成教学任务。但是，这种"国家课程开发中心从事课程开发的专家脱离了课程用户，不能将新计划细致的革新特点传达给教师，既不与教师发生人际交往，也不能激起教师将其学习习惯改变到确保新课程计划成功所必需的程度，失败也就在所难免了。在他们看来是高质量的课程，对于广大教师来说却是不合需要的"。事实上，教师处在真正发生教育的地方，他们对于学生和课程的真正需要是最了解的，而且他们是课程的最直接实施者，外在于课程开发只会让他们对陌生的课程缺少情感上的认同与理解，也很难把握新课程改革的真正意蕴，因此，开发出来的新课程只是一种很完美的"摆设"，无法真正内化到学校中去，无法实施在教学之中，更无法渗透到学生素质发展中去，也无法达成最初的预期希望。

美国课程专家施瓦布（J. J. Schwab）当时也是新课程运动的参与者，新课程运动的失败使他痛定思痛，进行长达14年的反思，建立了一个新的课程范式，即"实践的课程范式"，提出教师和学生应该是意义的创造者。教师并不是孤立在课程外部，而是课程的有机组成部分，是课程的创造者、课程的主体构成。这就对以往泰勒主张的目标模式进行了批判。在目标模式之中，教师必须按照固定的目标来实施课程，因而教师是被目标所控制的。因此，教师只是在课程目标的指引下亦步亦趋地执行课程计划，对自己的课程进行客观外在的实施。主体性、创造性、参与性的缺乏必然导致教师对课程的漠然状态。实践的课程范式把教师作为课程的主体之一，也是课程的开发和设计的参与者，他们可以根据自己的实践经验对新课程的需要做出阐释，把自己的智慧贡献出来。这样，教师的思维与新课程的视域是融合的，对于新课程的真正意图、课程实施的真正目标和指向都是清楚分明的。因此，在实施课程之时，教师就可以很容易地把课程知识按照预想的轨道传授给学生，促进学生学习品质的提升，在教学过程中提高课程发展的质量和层次。

我国传统上实行中央集权型的课程管理体制，课程开发和实施模式也类似于泰勒的目标模式，实际上课程的设计是"防教师"的，这就把教师作为一种课程的外在，无法真正达成课程的美好意图。三级课程管理体制实行三级课程、三级管理，适度下放课程权力，分别赋予国家、地方、学校不同的课程权限，这也为不同层次的课程领导实施准备了条件。

校长课程领导的功能之中，在国家课程和地方课程的框架内开发校本课程，这三种课程形态都需要把教师真正作为课程主体参与、融合到课程之中。

国家课程、地方课程的校本化实施是其课程真正在学校层面发挥作用，内化为学生的知识形态的前提条件。而校本课程的开发更需要教师积极主动地参与和设计。美国历史上著名的新课程运动的失败也证明了教师必须成为课程的内在因素，排斥他们的课程无法达成理想的效用。因此，校长课程领导必须坚持教师是课程重要组成部分的思想理念，真正发挥国家课程、地方课程、校本课程对课程发展、学生学习品质提升的重要作用。

（2）教师是建构者。

建构主义是学习理论中行为主义发展到认知主义之后的进一步发展，是对客观主义方向的进一步逆行。客观主义认识论主张人类的知识是客观存在的，是可以学习和传授的，人通过对外界的学习来掌握这种客观信息，只要学习状况相同，不同的人都可以拥有相同的知识，而学习程度较高的人就具有更多的智慧和思想。而建构主义主张世界虽然是客观的，但是对于世界的理解和赋予意义则是个性化、主观化的，每个人都是根据自己的经验累积来解释和把握现实世界。由于每个人的主观经验各不相同，因此，对于世界的认知和理解也会存在很大的差异。每个人的知识都是不同的，知识具有很强的主观特性，因此，人和人之间的知识无论如何不会雷同。而不同主体拥有的知识可以通过交流和共同学习以促进知识的进一步丰富。建构主义相对客观主义来说，更强调智慧的个性化及平等性，每个人都平等地拥有不同的智慧。

客观主义认识论之下，课程管理自上而下的官僚式模式就显得十分自然。因为随着行政管理者层次的下降，管理者已有学习状况奠定的智慧水平也就越来越低。因而只有最高行政管理者才拥有更多的智慧和信息，才具有做出判断、决策的权力和能力。课程管理中决策的流动一般是从最高层到最低层，而教师作为课程管理层次的最低者也就理所当然地成了课程决策的忠实执行者。而建构主义认识论之下，课程领导的思想呼之欲出。每个人都是意义的创造者以及世界的理解者、建构者，每个人都凭借自己已有经验对世界进行解读和阐释。因此，教师和不同层次的课程领导者一样都是拥有智慧的主体，都有课程决策的参与权力。而教师最常处于真正发生教育的场所——学校，因此，他们对于学生学习实践、课程发展现实及其需要具有最为直接的了解和最为丰富的经验，也理应成为校长课程领导的依赖者。

校长在执行自己的课程领导功能之时要注意尊重每位教师的思想和智慧，允许并鼓励他们针对某一具体问题发表自己的意见和看法，群策群力，共同为决策的完善做出努力。

（3）教师是人力资源。

"纵观西方管理学研究的百年沿革轨迹，大体存在着三个逐渐演进的概念，即早期注重'管理'，中期关心'经营'，近期注重'领导'"。"管理"的特征是依靠"科学"的管理方法，最大限度地提高员工的作业效率，员工只是机器的附庸，只是工厂的物化所有，他们的身心需要、个人利益完全埋没在机器的轰隆声之中，湮没在效率的提高和工厂利益最大化之中。"经营"的管理方式，能认识到员工身心需要对企业发展的积极意义，管理者煞费心思地利用一切手段激发员工的积极性，满足他们的身心需要，以此来提高工厂的运作效率。此时员工的身心需要是作为一种可资利用的手段出现的，对于这些需要的满足只是为了达成最终工厂效率提升、工厂收益最大化的目标所在。近期的"领导"则认识到企业员工是企业所赖以生存和发展的人力资源，他们身心需要的满足和企业的发展是并行不悖的，企业要充分发挥员工的积极性、主动性和创造性，以共同的目标和远景来吸引员工参与到组织和自我的发展中去，追求企业效益的过程同时也是企业员工职业生涯得到发展的过程。只有员工对于组织有较强的组织承诺以及组织参与度，真正认同企业的目标，并把自己的发展计划和企业目标联系起来，彼此协调，企业的人力资源才能得到最大化的作用发挥，企业才能和员工一起成长。企业领导的任务之一就是形成企业和员工共同的目标远景，以一种优良的企业文化联系企业整体人员，共同发展以求进步。

传统的课程管理也是坚持科学管理原则，把教师作为一个课程的被动执行者，是理所当然的奉献者，他们的个人身心需要无法进入学校管理者的视野之中。随着教学实践的发展，人们逐渐认识到教师需要的满足与否是学校能否取得优良成绩的一个重要因素，因此，以校长为首的管理者们采取各种手段满足学校教师的合理需要，以此激发他们对于工作的积极性和主动性，最终取得教学成绩的提高。当历史走到了现在，课程领导的思想也走到了时代的前沿，人力资源的教师观也理应成为校长所应拥有的最基本思想。人力资源的教师观要求校长营造出积极的学校文化，厘清学校坚持的课程哲学以及发展目标远景，以此吸引教师和学校的生存发展联结一起。共同追求的指引使得教师身心需要得到满足，积极性得以调动，教师之间，教师和学校之间自然而然形成一种互动和互补关系，使学校形成良好的创造性张力，以促进学校的长期持续发展。

2. 学生观

学生是课程管理中的最终目标，也是课程管理的最基本对象，因此，学生观的不同可以是作为课程管理模式的区别性标志。作为课程管理的基本对象，实质上管理者与学生之间的关系是一种控制与被控制的范畴。鲍曼的《共同体》一书中论述社会控制时提到"全景监狱"和"蜂群"这两个概念，以此来分析课程管理模式下清晰认识课程应该坚持的学生观。

所谓全景监狱是指犯人被关在一个个独立的小铁笼子里，看守者被安排在一个可以观照整个监狱全景的监视台上。看守者为了防止犯人出现任何违反规则的行为，始终把自己的视线控制在对犯人的监视之中。这样，犯人的任何行为都可以在看守者的掌握之中，一旦有任何违反规则的行为，看守者就会对之进行处罚。这样，看守者始终不离监视台，而把犯人控制在铁笼之中的同时，也把自己束缚在时时需要监视并实施处罚的地方。

全景监狱的隐喻所依据的基本人性假定就是犯人是物化的、可控的，没有任何生命的主体性和主动性可言的。而这样隐喻下的学生观则是把学生置于严密的监控之下，权威的不容置疑的课程知识凭借各种严格的规则制度的协助，如同一个个严实的铁笼把他们限制、束缚、捆绑在管理者认定的学生应该履行的角色之上。如此，学生个体鲜活的生命活力被压制在了课程知识以及课程管理者的控制之中。在管理者眼中，学生只是被管控的对象，是物化的，没有主动性、主体性而言的。因此，管理者的任务就是通过各种严格的规章制度把学生的各种行为约束在自己的看管范围之内，使学生的思想束缚在教科书的规定之中。只要学生没有任何违反已有规则的行为出现，没有任何超出权威思想的言辞出现，学校秩序一派井然，那么管理者的目标即已达成。这样的课程管理模式物化了学生的个体价值，也把管理者控制在了看管的职责之内无法自由。

与全景监狱的隐喻不同，蜂群式的管理模式意味着蜂群在没有任何中士和下士，没有参谋部和行军命令的情况之下，也能自己不出差错地找出通往鲜花的道路。因为整个蜂群是以草地上的鲜花为共同的目标，蜂群中的引领者把前面的锦簇鲜花作为导引的媒介，实际上也就成了蜂群中的领导者。每只蜜蜂都是在目标的导引下自愿、自我推动、自我导引，而不是依赖任何外部的命令发布以及纪律惩罚的约束限制。

蜂群式隐喻的基本人性假定是人是自由的、自主的、可以自我导引的，是充满生命活力的个体，他们规范行为的出现并不仅仅依靠外界的约束限制，没有外部监管，个体也可以在目标的吸引下产生角色行为，以自我的成长带动整个组织的发展。这个隐喻下的学生观注重学生个性的存在与张扬，相信学生是具有自我控制和发展的生命个体，他们的学习目标和教师等人设定的整体发展目标是整合的，相互协调的，有着共同的动力导向。因此，他们在教师等人的指导下为了目标而履行规范化行为，这样的行为也会因为内在动力的支撑，个体主动性的作用发挥而持续久远。这样的课程管理模式中，教师等管理者只是目标的导向者、学生自主性的激发者。他们允许学生的自主行为，允许他们对外界事物以及课程知识进行怀疑和争论，但也会为正在成长的学生提供适当的引导。校长的课程领导也要坚持这样的一种基本理念，学生并不是要被控管的物化个体，他们是具有自主性、具有自我发展潜能的鲜活生命主体。只要以校长为主的课程领导者为他们的学习创造一种积极的文化气氛，以一种共同的目标导向吸引他们，允许他们对课程知识进行讨论和怀疑，凭借已有的知识经验以及生活实践验证课程知识，并为他们的自我发展做出指导，那么学生个体就会出现良好的发展态势。这种秩序井然并不是全景监狱下的秩序能比拟的，这是一种自觉、自愿、自主行为所创造出的充满活力的深层次稳定秩序，也是课程领导者所期望的不治而治，学生可以进行自我领导的前景。

3. 课程观

课程领导坚持建构主义认识论，教师和学生都是意义的建构者，都可以凭借自己的知识经验对课程进行建构。由此引发出来的课程观下的课程便具有了动态性和生成性特征。

建构主义认识论是相对于客观主义而言的。客观主义强调知识是客观事物在人头脑中的反映，并具有客观性、普遍性、绝对性等特点。在此思想的导引下，课程就会成为向学生传授的一种预设的知识体系，不容教师和学生对其进行改造。教学的目的就是教师向学生灌输这种客观不容置疑的绝对知识，知识对于教师和学生而言只是一些客观的外在存在，和自己的生命活动少有联系，他们只能被动接受，而无法在知识中体会意义和价值的存在。传统的课程管理坚持的就是这种静态的课程知识观。由专家和学者依据自身理论知识完成教科书及教学材料的编制，课程是以既定的文件形式出现的，课程知识就以预先设计的姿势载于其中，由教师——忠实的课程实施者向学生进行灌输。此时的课程是静态的、封闭的、稳定的。而教师和学生都是外在于课程的客观存在，他们的生命活力无法和知识的内在意义构成联结，因此，课程的真正价值无法得到发挥和张扬。

建构主义认识论认为虽然世界是客观存在的，但是每个人都是根据自己的经验对于世界的存在进行意义的建构和阐释。知识并不是认识主体对于客观外在的镜式反映，其存在具有很强的主观性、情景性、体验性。每个主体由于主观经验的不同，也就拥有不同的思想和知识。因此，世界上不存在客观、固定、绝对的知识。这样，在知识的主体性下，传统课程管理下的课程其预设品质已经不复存在，取而代之的是知识的主观建构及意义的体验和生成，由此而引发出生成性、动态性的课程存在。课程领导思想主张每个人都是课程的建构者，都有智慧和能力达到对课程的主观构造和阐释。而课程领导的权力分享则意味着课程决策权力主体的多样性，这样，教师和学生就不再仅仅是课程的外在接受者，他们可以在教育情景之中通过探讨、反思等方式对课程知识进行理解和把握，以自己的主观经验削减课程的预设品性，把已有的书本知识与自己的情感体验等结合起来，使课程与师生的教学情景不断积极互动，使知识和生活真正融为一体，使课程知识的价值更加丰富化。

校长的课程领导必须坚持动态式、生成性的课程观，坚持课程及其知识的发展性、开放性，真正调动起教师和学生对于课程知识进行创造性建构的积极性和主动性。

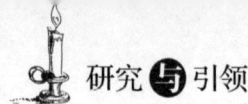

第二节　学校课程规划

一、学校课程规划符合教育发展趋势

《基础课程改革纲要（试行）》（以下简称《纲要》）提出的六大具体目标之一就是"改变课程管理过于集中的状况，实行国家、地方、学校三级课程管理，增强课程对地方、学校及学生的适应性"。三级课程管理中，明确了教育部总体规划基础教育课程，制定基础教育课程管理政策，确定国家课程门类和课时，制定国家课程标准和评价制度；省级教育行政部门制定本省实施国家课程的方案，规划地方课程；学校在执行国家课程和地方课程的同时，视当地社会、经济的具体情况，结合本校实际、学生的兴趣与需要，开发或选用适当的校本课程。"集权失之过分控制，分权错在走向无序"，在实现培养目标的育人体系中，国家、地方、学校都应承担各自不同的课程开发和实施责任。

传统的课程体系是单一和封闭的，开设什么样的课程全由国家规定，课程都由专家开发，学校的任务就是执行国家课程，要做的就是排课表并监督落实。这种教育体制带有浓厚行政垄断的色彩。忽视学校之间差异，造成教育行政部门出现"应该管好的事情没有管好，不应该管的事情管了不少"的出力不讨好的局面。学校对国家课程实施也只能僵化地、机械地执行，陷入被动应付任务的现实。这种课程实施是"忠实"取向有余而缔造取向不足的典型反映。

随着近来教育"松绑"的呼声及"放松管制、走向多元"的建议与取向逐渐为国人所认同和接受，新一轮课程改革彻底改变了课程单一和封闭的状况。如果我们把学校课程按开发主体划分的话，可以分为学校本位课程（学校自主开发的课程即校本课程）和国家或地方本位课程（由国家和地方编制在学校中实施的课程，即国家课程和地方课程）。可见，一所学校实施的课程既要体现一个国家的意志，又要满足学生个性发展的需要，同时还要考虑学校发展与当地社会发展的差异性。由此，我们可以看到，三级课程是由我国基础教育课程方案框架中的各个部分组成的，它本身是一个完整的体系，各级课程在目标上具有一致性，都是实现我们国家的教育方针或各个阶段的培养目标。学校一级的课程管理，是相对于国家一级和地方一级的课程管理而言的。三级课程管理中，学校被赋予课程管理与开发的权利与义务。它包括两层含义：一是国家本位与地方本位课程的有效实施；二是校本课程的合理开发。

二、学校课程规划符合课程教学要求

1. "国家课程校本化实施"需要学校做课程规划

一套正式课程或是学校的非正式课程，无论经过多么精心的设计，都必须经由学校和教师的规划、安排和运作，以及学生的亲身体验，才有可能达成课程预期的效果。国家课程文件只是书面方案的课程，它只能规定国家课程改革和发展的大方向和粗框架，因为国家的权力和意志表现在方向的引导和规避上，而不在于对具体行为细节上的控制。国家和地方当局运用各种行政管理的策略，对其所制定的课程方案和课程相关政策，做适切的管理和控制，以便促使位于基层的学校和教师，能够理解教育当局所制定的正式、官方意图的课程，进而愿意或不得不加以采纳，并提升其加以诠释、磋商与实施的可能性，使学生有较多的机会学习到政府颁订的正式课程。事实上，国家层面上制定的课程文件，即使辅之以行政的手段来推动课程的实施，也不可能达到其对个体教师的课堂教学行为或者对学校环境中特定的师生互动过程的细节上的控制。所以，国家课程的落实需要学校的参与。

在这里，学校所起的作用是对国家课程的理解与创造性实施，并"有权利和责任反映国家和地方课程方案在实施中所遇到的困难"。课程本身不能自动得到贯彻，它需要学校进行组织管理。《纲要》指出："学校在执行国家课程和地方课程的同时，应当视当地社会、经济发展的具体情况，结合本校的传统与优势、学生的兴趣和需要，开发和选用适合本校的课。"

学校在执行过程中不是盲目的，而是调适的。学校根据实际情况，通过合理安排、系统规划，制定学校相关政策，才能保证课程运行的有效性。也就是说，学校在执行时，要对国家课程进行适当调适，以符合学校现有的实施条

件，把国家课程变为学校可操作的课程。这实际上是学校对国家课程进行二次规划的过程，也是新课改取得成效的具体要求。

2."地方课程的校本化实施"需要学校做课程规划

地方课程，又可称为地方本位课程，或地方取向课程。它是地方教育主管部门以国家课程标准为基础，在一定的教育思想和课程观念的指导下，根据地方社会发展及其对学生发展的特殊需要，充分利用地方课程资源所设计的课程。地方课程是宏观课程结构中的重要组成部分。地方课程的根本目的是培养学生的社会责任感，以及参与社会生活的能力，培养和发展学生适应社区发展需要的基本素质。因而，在地方课程实施中，学生的学习方式不应是接受式的，而应是探究式的、实践式的。学生在学习关于地方和社区基本知识的基础上，研究社区现实问题，探究每个社会成员适应社区发展需要应具有的基本素质。同时，通过社区活动、社区服务等各种活动，在实践中培养学生参与社会实践活动的能力。地方课程实施应强调学生对地方或社区现实问题的研究与思考，将课程内容以主题的形式加以设计，组织学生通过调查研究，探讨问题，并适当地参与社区实践活动，培养学生的社会责任感和社会活动能力。如果地方课程也如同国家规定的学科课程一样，单纯通过系统的地方教材学习，脱离社区或地方历史与现实问题，将是毫无价值的。因此，地方课程的实施应以探究和实践活动为主，多开展地方历史研究、地方地理研究、地方经济研究、地方文化传统研究等活动。地方课程在学校中的运行，同国家课程一样需要学校进行设计和规划。有许多学者及地方教育行政部门把地方的课程管理看成是在所谓国家课程基础上再开发一些新的"地方课程"，这不仅在实践上增加了学校教师课程实施的负担，在理论上也是对地方教育主管的课程职能所做的简单化、狭隘化的理解。地方同学校一样，是国家课程执行者。它的职能应更多地体现在使国家课程合乎本地需要，合乎当地学校和学生的需要，同时帮助和支持学校对新课程的实施。地方课程的真正有效同样需要学校的"校本化实施"。学校对地方课程的"校本化"实施要做出具体的调适，需要综合考虑学校的教师、学生、资源等条件。

3."校本课程的开发"需要学校做课程规划

从《纲要》中我们可以看出，学校在制定本校的课程上有了适当的"裁量区间",成了校本课程开发的主体,这是对课程执行的"缔造"取向。校本课程开发并不意味着学校可以对开发课程为所欲为。政府仍设定了自身的"容忍区间",并没有把权力无限制地放开。"松绑"并不是要追求完全放任的"不绑",使教育及课程成为无政府的混乱状态。相对的,当某个教育层级对课程管理"松"了的同时,还需要将课程"绑"在另一个教育层级,或由不同的教育层级,分别绑上不同的力道,使得各个层级的力量能够平衡。我国就是在国家、地方和学校三级间寻求权力的平衡。要注意,力量的平衡不是平均,而是适切。国家较以往已适当下放给学校更多的课程权力,给予教师更充分的弹性。不但允许,更是鼓励学校与教师参加课程开发工作,进行设计适合学生发展的课程,自行对课程做合适的诠释与规划。因而,学校行政人员和教师应主动充实课程发展与设计方面的知识和技能,认真分析学校所处的环境和学生的实际需要,做好课程规划,才能实现课程改革的效能。也就是说,校本课程的开发与实施对学校课程也提出了规划的要求。

对国家课程、地方课程和校本课程进行统一规划与实施,是新课程下学校的责任,也是权力。无论是国家,还是地方,都不可能也不应该替代学校规划自己的全部课程。但是目前大多数学校对学校课程建设没有进行整体性的思考规划,许多工作规范性不够,对国家课程、地方课程的执行创新不够,学校开发和实施的校本课程没有真正从学生的实际出发,选择性不强。学校做课程规划是新课改的本质要求。我们期望通过学校课程规划的研讨,能够解决课改的"瓶颈"问题。

三、学校课程规划的重要性

所谓学校课程发展规划,其含义是学校在对国家和地方课程的目标理解、认识和调适的基础上,结合学校自身实际,对学校的课程进行总体、全面的设计、实施与评价,以促进教师、学生和学校持续发展,取得课改实效,提升教育质量的学校课程行动。它是学校课程设计、开发、实施的依据,也是衡量学校课程改革成效的尺度,更是学校课程持续健康发展的有力保障。学校课程规划的目的在于以课程为抓手,促进学校的整体发展,成就学生。学校课程规划在学校课程发展中具有重要意义。

（1）通过制定和实施学校课程发展规划，有助于全面了解学校的发展现状和需要优先解决的问题，并找出解决问题的办法，明确学校今后的发展方向和目标。分析学校的原有基础和学校特色，学校面临的挑战和学校的发展需求，这是规划的前提。

（2）通过制定和实施学校课程发展规划，鼓励学校成员承担起改善教育的责任，充分挖掘学校可以挖掘的资源，协助学校更有效地分配及运用资源，从而实现改善学校课程及办学条件、提高办学水平。

（3）通过制定和实施学校课程发展规划，可以加强学校和教育行政部门之间的联系和沟通，帮助教育行政部门在分配教育资源上做出更为科学合理的决策，使有限的教育资源得到充分而有效的利用，从而在学校能有效完成国家与地方课程要求的同时，明确校本课程开发方向及内涵。

（4）通过制定和实施学校课程发展规划，提升学校管理民主意识。学校课程规划不是校长个人所进行的策划，而是学校所有成员共同努力的结果，特别是不能忽视教师在学校课程规划和发展中的作用。学校管理及制定规划过程涉及不同重要人士的参与，诸如教师、学生、家长以及其他政策制定者，他们对学校层面的各项管理之成败都起着重要作用。规划不仅是学校管理民主意识的体现，也是凝聚人心、发挥教师参与学校管理积极性的重要手段。

（5）通过学校课程规划持续改善课程。课程的发展没有终点，总是处在一个持续改善的过程中。当前对新课程有着一些批评，认为新课程存在这样或那样的问题，但实际上有些问题并非新课程的问题，新课程只能解决它能解决的问题；有些问题的确存在，主要是实践和发展中的问题。从发展的角度看，这些问题的存在是完全正常的。这些问题需要不断得到解决，在研究的基础上，在实践和发展中去解决。要解决这些问题，学校课程规划就成为一个必然的选择。崔允漷教授指出："学校课程规划就是在学校层面上研究问题，解决问题，促进课程持续改善，走向更好的重要举措。"

（6）通过学校课程规划提高课程领导力、执行力。在新课程实施推进过程中，学校是一个关键的因素，没有学校对国家课程方案的严格执行，新课程就不可能得到真正的落实。但在当前新课程推行的过程中，"上有政策，下有对策"的现象比较普遍，如随意更改方案内课程，或者随意增加方案外课程，理想的课程方案在推进过程中不断走样,以至于学生得到的课程不再理想。但对于课程执行力,我们不能简单、机械地理解。我们所倡导的课程执行力并非只要求学校或教师机械地执行国家课程方案。从学校层面看,课程执行力主要体现在两个方面:一方面,学校认真学习课程改革的相关文件,调整或重建相关的组织与制度,建立健全各种保障系统,确保课程政策落到实处;另一方面,深入研究课程改革推进过程中出现的问题,将课程改革当作研究解决问题的过程。学校课程规划就是在学校情境中,从学校的实际情况出发,有效落实国家和地方的各项课程政策的过程。学校课程规划既是课程领导力、执行力的必然要求,也是课程领导力、执行力的重要体现。

第二章

校长课程领导力之执行力研究

第一节 校长课程执行力的影响因素

校长的课程执行力是校长发挥课程领导力作用而有效实现课程政策目标的能力。可以说，课程执行力是校长课程领导力的实施保障和根基。然而，学校课程改革并不是直线式发展的，校长课程执行力的发挥会受到许多因素的制约，这些因素在某些情况下会使校长在执行课程政策实践中处于"难为"的境地。这些因素主要有课程政策因素、校长自身因素、教师支持因素、资源条件因素等方面。其中，课程政策因素会影响校长的执行方向，校长个人因素会影响校长的执行力度，教师支持因素会影响校长的执行广度，资源条件因素会影响校长的执行深度。对这些影响因素进行分析，有利于进一步促进校长发挥课程执行力提出策略建议。

一、课程政策因素影响校长的执行方向

课程政策因素指的是课程政策本身所具有的属性，也就是所制定的课程政策质量如何。校长在课程改革中是以课程政策为行为准则与指南的，校长要在课程改革中发挥较高的课程执行力，首先需要对课程政策具有较高的认同感，而这种政策认同感是同课程政策的质量紧密联系的。政策学研究中认为："政策的有效执行是以高质量的政策为基本前提的。政策执行的好坏首先受制于政策本身的质量高低。"课程政策也是如此，历史归纳和理论演绎都表明，在课程发展中，课程政策的作用至关重要。课程政策本身不能增加课程资源，但可以影响课程发展的方向、速度和效率。任何一次课程改革的成功与否，都可以在有关课程政策安排中找到根源性原因。正确而合理的政策必能促进课程的正向发展，并有助于达到课程改革的合理的、广泛的社会目标。由此可以看出，课程政策执行的效果在很大程度上受制于课程政策的质量。而课程政策的质量

高低是同政策目标、政策制定方式、政策内容等方面紧密联系的，政策目标的正确与否决定了政策执行的方向，政策制定方式上的民主与否决定了政策的认同程度，政策内容的科学与否决定了政策的可行性。

1. 课程政策目标的正确性

政策目标是政策执行的方向，是政策执行者通过努力所要实现的"图景"。政策目标与政策执行力具有紧密的联系。

"正确目标"与"高执行力"的完美结合是最理想的情况。既有正确的目标导向，又有以执行者的积极努力、执行环境（资源等条件）为基础的高质量的政策执行力，这是执行政策过程中的理想追求。政策目标是多种多样的，政策目标体现于政策内容上，政策目标以政策内容为表现形式；并且政策目标的设置又同政策制定的主体紧密联系，也就是说谁来制定课程政策也就决定课程政策目标应该如何设置。因此，课程政策目标的正确性还需要同民主的政策制定方式和科学的政策内容紧密联系起来。

2. 课程政策制定的民主性

课程政策的民主性是同课程政策制定权力的分配密切相关的，"课程政策的本质就是课程权力和由课程权力的变化而造成的利益的变化，课程政策的每一次改革都必然体现在课程权力的分配、再分配和重新分配上"。课程政策的民主性决定了课程政策能否得到更广泛的支持，进一步而言即是课程政策能否得到更多人的认同。而课程权力的分配是同"由谁来制定课程政策"这一问题紧密相关的。

随着教育的不断发展，课程政策制定的主体范围也在不断扩大。来自国外的经验表明："许多团体和个人都想对应该教什么的问题争得一份发言权。没有一个单一的来源认为自己有足够的影响和力量，谁都会感到别人在负这个责。其实，这是一场和局。校长和教师在精神上和事实上都可能改变教育委员会、联邦机构、州教育厅或执法机关的课程决定。虽然学生常被认为在决定学校教什么上没有多大权力，但他们对于学什么的问题有很大的发言权。"因而，保证与课程政策相关的利益者的课程权力表达机会是保证课程政策制定民主性的重要内涵。从我国的课程政策制定情况来看，教师、学生、家长以及社会各界人士被排斥在了课程政策制定之外，这些人员对课程政策、政策所包含的内容以及政策如何执行等问题上的发言权与参与权受到了忽视,他们的意见也无法得到考虑,这在某种程度上影响了他们对课程政策的认同。而且,由于忽视了广大教师和学生的课程权力,他们对课程政策的意见不受重视,致使课程政策很难在具体的教育教学中很好地得以执行。所会产生的情况是,由于对政策的认同存在问题,对政策的理解也会受到影响。这正如莱文所指出的那样,"有些人可能只喜欢一项政策的一部分,但却在实践中进行了修改以适合自己的目的。政策理解中的分歧越大,实施的结果就越可能五花八门。"

3. 课程政策内容的科学性

莱文认为,人们对政策的反应方式首先取决于可行性,要让人们接受并执行政策,就必须让他们看到政策在他们所处的环境中是否是有用的。因此,课程政策也要保证可行性。有时候,课程政策很难得以执行就是因为政策的可行性不够,进一步而言是因为课程政策内容的科学性不足。课程政策内容的科学性指的是课程政策的内容是否明确、是否具有清晰的执行方案、是否具有完备的执行条件等。明确的课程政策内容可以使课程执行者明白所要执行的是什么,清晰的执行方案可以让课程执行者知道该如何操作,完备的执行条件可以更大地增强课程政策的可行性。如果课程政策不具备明确的内容、缺乏清晰的执行方案甚至连最基本的执行条件都无法保证的话,课程政策的可行性就会大打折扣,难以取得较好的执行效果。

政策制定对政策执行具有至关重要的影响,美国政策科学家史密斯就曾明确地将理想化的政策视为影响政策执行的首要因素。而从政策认同感的意义上来看,课程政策目标的正确与否、课程政策制定的民主程度和课程政策内容的科学性都会影响到政策执行者对课程政策的认同程度,进而也会影响到政策执行者的执行水平。因此,课程政策本身是否能保证校长对政策目标、政策制定程序和政策内容具有较高的认同感是影响校长执行课程政策的前提因素。

二、校长自身因素影响校长的执行力度

校长作为一所学校课程改革的主要领导者,其本身是否在课程改革中发挥重要的作用,是否在积极、努力地实行课程改革,是实现课程改革目标的重要保证。

在校长的课程改革努力中，校长对课程政策的理解程度、对课程改革的态度、校长的知识和能力、校长的领导方式等因素都会对校长执行课程政策的效果产生影响。没有深入理解课程政策、对课程改革缺乏热情、没有同课程改革相适应的知识和能力结构或者采用了不合理的领导方式，都会影响校长课程执行力的发挥，影响学校课程改革的效果。

1. 校长的政策理解

校长要在学校中执行课程政策，推动课程改革的发展，首先需要准确、系统、深刻地理解课程政策，把握课程政策的内涵与精神实质。如果没有很好地理解课程政策，没有准确领悟课程政策的精神内涵，校长就无法认清所要努力的方向。

而作为学校课程改革的领导者，校长如果不能正确理解课程政策的话，会在课程改革实践中更多地依据自己的主观随意性来执行，甚至会有"走弯路""走错路"的危险，不能从深层次的角度上推动课程改革的发展，难以真正实现课程政策目标。当前我国正在实行第八次课程改革，这是一次不同于以往的课程改革，在改革目标、课程结构、课程标准、教学过程、教材开发与管理、课程评价、课程管理等方面提出了新的内涵，这对校长在学校中成功实行课程改革是个重大的挑战，如何应对这个挑战需要校长真正理解课程政策内涵。然而现实中"有些校长跟着上级的文件转，尽管思想上重视，行动也到位，但是没有整体的扎实推进课程改革的思路，或是没有结合学校的实际情况创造性地开展工作，工作上处于被动应付，迟迟没有打开局面"。这种问题是校长没有积极学习、没有真正领会课程政策内涵的错误表现，没有真正理解课程政策的内涵就难以在具体实践中加以创造性地执行，也难以高质量地实现课程政策目标。

2. 校长的课改态度

态度指的是"一个人以赞同或反对的方式评价他周围世界的某些方面的先存倾向。也即，态度是指赞成或不赞成，喜欢或不喜欢一些社会事物和自然事物的先存倾向"。态度对于政策执行也具有重要的作用，因为"所有公共政策都试图以某种方式影响和控制人类的行为，使人们的行动与政府制定的规则或规定的目标相一致。倘若人们并没有服从政策的要求，倘若人们继续以不受欢迎的方式行动，倘若人们没有采取所期望的行为，那么，就会导致政策的无效，甚至导致政策不起任何作用"。因此，从这一意义来看，校长对课程改革的态度如何，是赞成还是反对，是喜欢还是厌恶，决定了他在课程改革中的努力程度，也进一步地决定了学校的课程改革成效。适应新课程改革的挑战到什么程度，通常取决于官方对它的解释，以及取决于他们实施该政策的兴致和效率。校长对待课程改革的态度是同其对课程政策和课程改革的理解程度紧密联系的。

然而，从我国当前课程改革的情况来看，有些校长在对待课程改革的态度上还存在着问题，主要表现为对课程改革并不是很热心，自己在课程改革中也常常没有做到位等。

有人调查发现，"有些校长思想不重视，没有从'为了中华民族的复兴，为了每名学生的发展'的课改理念出发，认为课程改革是教育行政部门的事情，甚至有的认为是上级'唱高调'，因而在管理行为上表现为让课程改革教学实验班的老师自己研究解决，最多是让教导主任帮忙'照看一下'，自己基本'高高挂起''不闻不问'，存在着角色定位不准确的问题。有的校长思想上还停在过去的应试教育观念层面上，认为课程改革实验可有可无，甚至认为是错误的"。应该说，大多数校长对课程改革还是比较认真的，而那些不认真的校长不仅是态度不端正的问题，而且还有推卸自身责任之嫌，在推进学校课程改革的过程中是非常危险的，因为，如果校长自己态度不端正，对课程改革不感兴趣，是很难促使学校人员积极参与到课程改革中来的。

3. 校长的知识和能力

一个合格的政策执行人员应当具有合理的知识和能力结构，对于校长来说同样如此。如果没有同课程改革相适应的知识与能力，校长就无法有效地对学校的课程改革实践进行合理的指导，无法使学校的课程改革按照课程政策的要求合理开展。从广泛的角度来说，校长需要具备一定的教育学、管理学、心理学和政策学的知识，不仅如此，校长还需要具备课程政策知识、课程理论知识。此外，校长在课程改革中也需要具备相应的能力。《基础教育课程改革纲要（试行）》中规定实行国家、地方和学校三级课程管理制度，学校可以结合本校实际和地方情况自主开发课程。这对于作为学校主要领导者的校长来说是个新的考验，不仅需要校长有政策创新的能力，也需要校长具备与之相符的课程开发能力，更需要校长具备对教师参与校本课程改革的指导能力。能力是在知识学习上的进一步升华，知识学习只有同实践相结合才能进一步内化为能力，才能长久地对课程改革实践产生持续影响，而能力的不断提升正是不断提高课程执行力的重要途径。

4. 校长的领导方式

彼得·诺思豪斯认为，领导是个体影响一群个体实现共同目标的一个过程。领导者对追随者的作用产生领导力，领导力是领导行为的必备条件。同样的，作为学校的主要领导者，校长在学校课程改革中也在不时地发挥领导力作用，其所发挥出来的领导作用程度与效果在很大程度上会影响学校人员对课程改革的参与、支持与努力程度，进而也会影响校长的课程执行力。其中，校长所采用的领导方式会影响校长对课程改革的领导效果。所谓的领导方式指的是领导者行使权力去影响下属行为的行动模式，是在领导者的领导活动中所表现出来的一种较为突出的和稳定的倾向与特征，领导方式主要有专断型、民主型、权变型和放任型等。并且，不同的领导方式在不同的实际情况中的有效性是不一样的，这不仅取决于环境状况，也同被领导者具有很大的关系。

据调查显示，广大教师渴望参与学校管理，因为他们比较喜欢民主型的领导方式，但勇于进取的教师与自甘落后的教师选择这一领导方式的目的是不同的，勇于进取者是希望能有更多的机会展示才华，自甘落后者则是为了私利来与校长分庭抗礼、牵制正确方案的出台。这样看来，民主型的领导方式也具有弊端，因此，校长要在学校中促进学校人员积极参与课程改革，不能仅仅局限于采用民主型的领导方式，理应注意领导方式的选择与使用，针对具体问题灵活采用不同的领导方式，以更高的效益促进学校课程改革的发展。

三、教师支持因素影响校长的执行广度

教师是校长领导学校课程改革的支柱力量，教师在学校的最基层单位——课堂进行着最多、最烦琐、最复杂又最需要耐力和创造力的课程教学工作。校长要在学校中推动课程改革的发展，有效地实现课程政策目标，离开了教师的支持和参与，课程改革终将步履维艰，毫无效力可言。因此，教师的积极支持

与参与是促进校长在学校中能够得以实行课程改革,进而实现课程政策目标的重要保证。

教师的积极支持和参与从最大意义上影响了校长在学校中的努力范围,如果教师对课程改革不感兴趣,完全不理会校长所提倡的课程政策中的新理念、新方法,也不想进一步地学习与领会新课程,更不想转变,使自身行为以适应新课程改革,那么,校长在学校中就难以领导课程改革取得较好的效果。

总体来看,教师影响校长课程执行力的最直接因素就是教师在课程改革中的行为,而更深入而言,教师在课程改革中的行为主要是由他们对课程改革的认识、他们自身是否具备适应课程改革的能力以及他们对课程改革的态度等方面所决定的。因此,教师的观念、能力与态度是影响校长发挥课程执行力的主要因素。

1. 观念支持

观念是行动的先导,没有同课程改革相适应的观念,就难以使自身的实践行为符合课程改革的要求。当前我国的新课程改革对教师的角色、教学方式提出了新的规定,这对教师原有的教育思想、教育模式和教育方法等方面带来了极大的冲击。要促进新课程改革的发展,教师就得首先在观念层面上实现转变。但是,从现实的情况来看,有些教师在改革中仍然没有转变教学观念,对课程、教学、学生的看法与理解仍然没有跳出传统的樊篱。有的教师表示:"在长期的教学实践中,教师们已经形成了一套自己的方法,难就难在要破除一个定式的东西。一般而言,新教师接受起来还快一些,老教师们还是觉得有困难。"

观念上的不适应进而影响到了教师所能展现出来的努力行为。如有的教师在新课程中常常存在着这样的误区:第一,将新课程教育教学方式与传统教育教学方式对立起来,把传统教育与现代教育对立起来。第二,将评价和应试教育等同起来,将闭卷考试和课改对立起来,把定量评价与定性评价对立起来。第三,将高分和低能等同起来。第四,把教师主导作用和学生主体作用对立起来,认为课改就是教师靠边站,学生唱主角,过分强调学生主体作用,走向对学生放任的另一个极端。第五,把因材施教和整体发展对立起来。第六,搞形式化课改,新瓶装旧酒,把历史继承与理论发展对立起来。

2. 能力支持

教师支持校长进行课程改革的有效途径是实施新课程教学，提高教学质量。因此，对于教师来说，教学能力的高低从某种意义上决定了其对校长实行课程改革的支持程度。然而，在改革所带来的变化中，提高能力进而适应改革需要也不是一件容易的事情，有人可能欢迎一项政策，但却不一定知道如何实施。

例如，高水平技能的教学可能是很多教师所不具备的，教学技能一级很难获得，一定要必不可少的资源支持，因为这些技能不是普通技能。我国的新课程改革要求教师要转变教学方式，在教学过程中建设师生活动、共同发展的教学环境，引导学生积极探究、创新等，并要求在新课程教学中使用信息技术进行教学，对教师的课堂教学能力、研究能力、指导能力和操作能力等方面提出了较多的要求。

比如在新课程淡化了知识的简单授受、强调培养学生的能力上，有些教师感到很为难，自己没有查找资料的习惯，也难以指导学生该如何查找资料；并且，有些教师根本没有接触过计算机、网络，更不知道怎样让学生上网查找资料了。教师能力的不适应还表现在课程资源开发的问题上。课程资源开发是新课程中对教师能力的重要要求，而现实中有些教师缺乏对课程资源识别、开发和运用的能力，甚至把教科书当作唯一的课程资源。同时，新教材给教师大量自由裁量权，许多教师特别是新教师和农村教师感到无从下手、难以适应。可以看出，能力问题制约了教师特别是农村地区教师的能动性，给他们的努力造成了困难。而能力问题如果没有得到更好地解决的话，还会从某种意义上进一步地影响他们的改革热情。

3. 态度支持

教师对课程改革的态度不仅会影响教师在课程改革中的行为，而且也会影响教师对校长的课程改革决策等方面的支持，甚至会对课程改革以及校长的课程决策产生抵制。莱文曾指出："有些人可能不喜欢一项政策，就会想方设法去排斥或忽视它。在新课程中，就曾传说很多课程教材从来未被打开过，成了教师书架上的摆设。"霍尔和霍德也曾借鉴福勒的研究指出，"无论人们参与的是何种类型的创新和变革过程，都会在他们身上发现'不相关''自

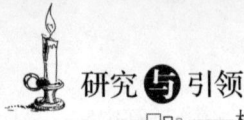

我'‘任务’和‘影响’这四种不同的关心阶段。"在这四种不同的"关心阶段"中，个人对待课程改革的态度以及所做出的行为努力是不同的。事实上，教师如果不把课程改革当回事，如果没有兴趣、决心去实行课程改革，那么，即使是校长以行政命令等方式来使教师"就范"于课程改革，也难以真正获得持久、显著的效果。并且，"这种关心的流程并不总是能够得到保证，而且它也不总是沿着一个方向流动。如果某种变革是适当的，如果校长正在发起变革，如果变革过程得到了谨慎仔细地推动，那么教师将会从'自我'这个关心阶段向'任务'关心阶段前进，最终，会达到'影响'这个关心阶段（3—5年之后）"。当然，除了校长要对改变教师课程改革态度做出努力之外，教师自身也要积极地改变课程改革态度，提高对课程改革的认识，这样才能进一步全身心地投入改革之中，在课程改革中发挥更大的力量。

四、资源条件因素影响校长的执行深度

经济学家所认为的"资源"主要指的是投入生产活动的"生产要素"的总和，如资本、劳动力、技术、自然资源等，后来泛指存在于一定社会中能够满足主体需要的物质财富和非物质财富。在政策执行中，如果缺乏必要的用于政策执行的资源，政策执行的结果也不能达到政策规定的要求。校长要促进学校的课程改革发展，需要经费、权力、信息等资源条件。这些资源条件是否充足、是否完善制约了校长深入开展课程改革的努力。如果没有资源条件因素的支持，校长在学校中执行课程政策只会停留在表面层次，而无法深入。譬如，没有足够的经费条件支持下，校长也就无法在学校中购买电脑设备而开设信息技术课程；没有一定的权力的话，校长只能停留在检查常规教学上，而不敢在学校中实行更多的变革；没有畅通的信息资源条件的话，校长也就无法了解新课程的进展，无法跟上新课程改革的步伐。因此，资源条件因素制约了校长执行的深度。

1. 经费资源条件

在校长课程执行力的"三个流程"统一中，不论哪个流程都需要经费资源的保证，学校人员从事教育培训、教师之间相互交流等方式的专业发展都需要有经费的支持，学校执行环境中的物质环境、关系环境等方面的建设也同样需

要经费资源，在制定课程执行计划过程中也同样需要耗费一定的经费资源。因此，可以说，经费资源条件是贯穿于三个流程之中的，三个流程的统一离不开经费资源的支持。

从当前课程改革的情况来看，很多时候学校的资源条件都不充分，致使校长在经费资源条件上常常陷入"巧妇难为无米之炊"的境地。这不仅给学校课程改革的发展带来了麻烦，也使得校长在许多时间里都忙着筹集资金，成为"筹资者"角色。据北京教育学院对北京市的中小学正职校长的调查发现，有81.6%的校长为筹措经费奔忙和发愁，他们也认为筹钱创收是最不应该由校长承担的工作。另据湖南省湘潭市区部分小学的调查，有87.6%的校长主要精力放在为学校创收、改善办学条件、提高教师福利上。另外一项对农村62位校长的调查中发现，校长们普遍（74.19%）认为经费等办学条件是影响新课程改革实施的主要因素。"没钱"通常成了校长们领导学校课程改革中困难的"代名词"。

学校经费资源短缺的情况对教师参加培训也会产生负面影响。某县20所学校的485位实验教师，参加省级培训的有7%左右，参加市级培训的约26%（市级有些学科没有搞培训），县教育局对实验教师举行全员培训，但出于学校缺乏经费，实际到位参加培训的教师只有75%左右。无法提供必要的经费以通过教育培训提高教师能力，对于校长来说确实苦恼。因此，从这些问题上来看，校长要能在学校中推动课程改革的发展，必要的经费资源是有利的条件。而学校经费资源在很大程度上依赖于教育行政部门的拨款，因而，学校的经费资源条件不足的问题也需要教育行政部门在财政拨款上的积极支持。

2. 权力资源条件

权力资源条件主要指来自教育行政部门赋予校长在课程改革中的权力，这就涉及了集权与放权的问题。对于这个问题，迈克尔·富兰曾指出校长的窘困，在集权与放权的问题上校长不得不一次次低头。系统的障碍是并没有意识到校长是扭转自上而下或自下而上崮境的关键，集权统得太死，放权又怕放任自流。这样造成的结果是校长在有限的权力之内承担着无限的责任，给他们带来了巨大的工作压力。并且，不同的校长对所需要的权力是不同的。据调查，91.8%的校长认为应该扩大校长的用人权，79.3%的校长认为应该扩大校长的财政权，38.7%的校长认为应该扩大校长的办学自主权，小部分的校长则要求应该在课程或教学上拥有自主权。

在我国，适度地在教育行政部门和学校（校长）之间分权不仅是我国课程改革的需要，也是政策规定的内容。学校是实行课程改革的主要场所，学校在课程改革中具有重要的作用。但是学校的课程改革实践是具体而复杂的，在发展中会存在着许多不可预料的困难和问题，课程政策不能对这些问题做出详细的规定，因而给予校长自主管理学校的权力显得非常必要。校本课程管理正好适应了这一发展要求。1999年6月全国教育工作会议明确提出"试行国家课程、地方课程、学校课程"。2001年全国基础教育工作会议在《国务院关于基础教育改革与发展的决定》中提出试行国家、地方、学校三级课程管理，同年6月在教育部颁布的《基础教育课程改革纲要（试行）》中规定"为保障和促进课程对不同地区、学校、学生的要求，试行国家、地方和学校三级课程管理"。这些都从政策上表明了学校在课程管理中具有不可忽视的作用。有了相应的政策支持，并切实地下放了权力，有利于解除校长的"后顾之忧"，也有利于校长进一步推动课程改革发展。

3. 信息资源条件

信息是影响政策执行活动的一个重要变量，政策执行中的某些失误或困难常常是由于执行者缺乏必要的信息或对所获取的信息处理不当而造成的。信息也是影响校长课程执行力的重要因素之一。对于校长来说，更多的与课程政策、课程改革、教育理论和课程理论等方面相关的信息对于校长推动课程改革发展是必不可少的。从来源上看，信息主要有教育行政部门的政策、命令、指示等，教育研究人员的理论支持与指导，其他学校的改革经验；从形式看，主要有书面的信息，如政策文件、报纸、杂志、书籍、电子资源等。校长所能掌握的信息越丰富，他就能更加清楚地知道要做些什么事情，可以从哪些地方获得帮助，哪些信息可以为促进本校的课程改革提供借鉴等。而如果一所学校中有比较畅通的信息渠道，学校人员也可以掌握较多的信息资源，有利于拓宽每个人的视野，在某种程度上也有利于促进教师的专业发展。据调查，西部某5个县（市、区）的100所小学的1000位教师中，有本课改读物或一种刊物的占23.7%，有两本课改读物或两种刊物的占4.9%，没有这方面读物或刊物的占

71.4%。这种问题的存在制约了教师接受新课程、理解新课程的程度，无法使教师的知识和能力适应新课程改革的发展。教师无法适应新课程的发展，也进一步制约了教师在课程改革中的效果及对校长的支持力度。

第二节 流程是校长课程执行力的保障

校长的课程执行力是校长在课程政策目标指引下,在学校内外部条件(如积极的教师支持、充足的课程资源、合理的课程执行环境等)的支持下,通过自身努力带领学校人员,有效地执行课程政策以实现课程改革目标的能力。那么,校长如何发挥课程执行力呢?也就是说,校长的课程执行力在具体的学校课程改革环境中表现在哪些环节上呢?美国的拉里·博西迪和拉姆·查兰认为,"执行的核心在于三个流程:人员流程、战略流程和运营流程。"要保证企业组织具有较高的执行力,需要实现这三个流程的统一。虽然校长的课程执行力同企业的执行力具有本质的区别,但是,校长也可以相应地从课程执行人员流程、课程执行计划流程和课程执行环境流程上推动学校的课程改革实践。其中,课程执行计划流程是前提,拥有了课程执行计划,校长才能使学校课程改革更具方向性和有序性,而民主的课程执行计划制定方式能使计划更具认同感,进而能够使校长在执行课程政策时获得学校人员的大力支持,使课程改革得到更好的实行;课程执行人员流程(主要是教师)是核心,学校课程改革的发展不仅需要校长的努力,更需要教师贡献自己的力量,在这一流程中,校长需要采取不同的方法促进教师积极地参与课程改革;课程执行环境流程是基础,包括物质环境建设、制度环境建设、文化环境建设以及关系环境建设等方面,这些方面为校长保证课程执行计划的落实、推动学校课程执行人员积极参与课程改革提供了保障。

一、课程执行计划流程是校长课程执行力的前提

"课程执行计划流程"指的是校长在领导学校课程改革的过程中首先要制定适合学校实际的课程执行计划。马修·迈尔斯(Matthew Miles)和凯琳·路

易斯（Karen Louis）曾指出，要想实现计划，蓝图很重要。他们研究发现，在成功地实施课程变革并提高了课程质量的学校中，全体教职员工对建设一个理想中的好学校充满了热情。当教师们投入新的课程工作中时，他们已经对课程变革充满了热情。"计划是通向政策目标的必经之途，是实施政策的重要步骤，是政策执行有目的、有计划、有步骤地取得成效的基础。"并且，由于课程政策本身是一种原则性的规定，在具体的执行实践中校长仍然需要根据课程政策精神预先制定课程执行计划。这是保证有条不紊地执行课程政策的前提，也有利于保证学校课程改革的方向性和有序性。因此，校长要在学校中实行课程改革，实现课程政策目标，必须首先领导学校人员制定相应的学校课程执行计划。在课程执行计划流程中校长主要需要关注这样两个问题：第一，要制定什么样的课程执行计划，即课程执行计划应该包含什么内容？第二，谁来制定课程执行计划，即制定课程执行计划的主体是谁？

1. 课程执行计划的内容

课程执行计划指的是一所学校在执行课程政策之前，根据课程政策规定，结合学校实际情况而编制的具体的执行工作计划，明确执行任务范围，合理地组织人力、物力、财力，规定时间，安排进度，有计划、有步骤地执行课程政策。课程执行计划的质量如何对于校长领导学校课程改革具有重要作用，因为"执行计划的质量水平，对教育政策的执行和计划的实施能否成功、取得成效大小有重要的影响"。同样的，课程执行计划的质量如何也会影响校长领导学校整体执行课程政策的效果。因此，校长要发挥课程执行力，要保证课程政策在学校中得以落实，首先就需要制定合理科学的学校课程执行计划。

总的来说，课程执行计划具有统筹性，它涉及学校的人、财、物等方面，是对这些因素的综合考虑与协调。从时间上看，课程执行计划可以分为长期计划、中期计划、短期计划与及时计划；在层次上可以分为学校总体计划、部门计划和个人计划。有人认为计划的一般内容可以概括为"5个W1个H"，即：

What，达成政策目标的行动是什么？

Why，为什么要采取这些行动？

When，何时开始、何时完成这些行动？

Who，何人负责实施这些行动？受何人领导？可指挥何人？

Where，在何处或何部门实施这些行动？自何处得到配合？

How，如何实施这些行动？

这种划分方法为制定课程执行计划提供了参考。具体地，课程执行计划可以包括目标、意义、任务、部门（人员）、资源和时间等要素。

（1）目标——学校课程执行计划中的目标必须是依据课程政策的要求和学校实际情况拟定的，它不仅包括当前亟待达到的目标，还有短期、中期和长期目标。其中，长期目标是非常必要的，具有"愿景"的作用。霍尔和霍德认为，"许多变革之所以失败，就是因为当变革发展到较高实施水平的时候，变革的参与者未能在头脑中为教师和（或）学校内实践的理想状况共同绘制一幅远景蓝图。"所以，要促使政策目标在学校中得以实现，校长还是有必要领导学校人员共同绘制出学校课程改革的"远景蓝图"，让学校的课程改革更具方向性。

（2）意义——课程执行计划中的目标并不是凭空设想的，它不仅要符合课程政策规定，更重要的是它必须同学校、教师、学生紧密联系，能最终对学校的教学质量及学生的发展产生积极的影响。否则，只会本末倒置，适得其反，不能真正实现课程政策目标。

（3）任务——任务是对实现目标过程中"该做什么"的规定，任务必须保持清晰，并且是符合学校实际情况的，是可以完成的。任务可完成的程度从某种意义上也可以增进学校人员对目标的认同，增强参与课程改革的积极性。

（4）部门（人员）——有些时候，不同的任务需要的部门（人员）并不总是相同的，但可能会从整体上对所有的人都产生影响。例如，组织骨干教师参加教育培训，虽然是旨在提高教师专业能力，但却会相应地给学校的年级组、不同学科教研组等带来影响，如调整出于这些老师培训期间的教师代课问题，这其实又对代课老师产生了影响，因为代课期间又增加了他们的工作量。

（5）资源——在课程执行计划中，尤其不能忽视资源的分配问题，是否具备充足、有效的资源保障也是课程执行计划是否可行、能否得到更多认同的重要因素。在课程执行计划中要明确列出完成这些任务需要哪些资源，并保证资源的合理使用。

（6）时间——限定不同阶段任务的起始时间，使课程执行计划显得更有计划性，也有利于对任务进行评估，总结经验，改进执行策略。应该注意的是，时间的设定应该具有科学性。

2. 课程执行计划制定主体

课程执行计划制定主体指的是制定课程执行计划的人，即是指课程执行计划是由谁制定的。"谁来制定学校中的课程执行计划？"这是一个涉及决策权力分配的问题，也是校长在课程执行计划流程中必须考虑的核心问题。这是因为，随着教育决策民主化的发展，学校中的决策过程越来越注重多元主体的参与，特别是在当前的课程改革中，"课程共有"的理念应该贯彻于学校制定课程执行计划环节上。所谓的"课程共有"指的是课程政策制定上的权力分享，"变控制为参与""变寻求差异为寻求共识""变二元对立思维为共有思维"，在国家、地方学校的课程权力分配问题上保持合理状态，并且要"使每一位与课程相关的人员都能积极参与课程政策制定的过程，表达各自的愿望，共同为我国课程的健康发展做出贡献"。在这种共有理念的指导下，校长要在制定课程执行计划上合理地分配权力，特别是要加强教师、学生和家长的课程权力表达能力。

要在学校课程改革中赋予学校人员特别是教师以更多的权力，主要是因为我国的课程改革总是一种自上而下的官方意志的体现，教师的课程权力并没有得到太多的关注，广大教师被排斥在课程改革的决定之外，他们只是被要求"忠实地执行新课程"，他们对改革的意见与看法常常得不到反映。"如果将教师排除在外，课程改革的效果无疑会大打折扣，甚至会导致课程改革的失败。"

同教师一样，学生参与分享课程权力也受到了忽视，"学生课程权力的表达更是课程政策制定中的一个亟待强化的方面，尤其是在学校课程决策过程中，失去了学生这一重要的课程相关人员的课程权力表达，就不能长时期成为真正意义上的'课程共有'"。因此，在学校中加强学生分享课程权力是贯彻"课程共有"理念的要求。

家长虽然是学校外部人员，但是在当前的进程改革中，家长的作用越来越大，甚至在很大程度上影响了学校课程改革的走向，成为校长所担忧的"新课程实施中的最大困难"。所以，在制定课程执行计划的同时，考虑家长的适当参与，有利于赢得家长对学校课程改革的理解、支持与帮助。

二、课程执行人员流程是校长课程执行力的核心

这里的"课程执行人员"是局限于学校而言的，学校的课程执行人员主要包括校长和教师等学校人员。所谓的"课程执行人员流程"则指的是校长在领导学校课程改革中促进其他学校人员特别是教师积极参与课程改革。在学校中，凭借校长的一己之力，难以真正实现课程政策目标，"成功的课程改革一定要鼓舞教师参与，教师不能游离于教育改革，只有教师认同改革理念，参与改革过程，在改革中学习和成长，担负更重要的责任，做改革的行动者，激起自下而上的改革，才能达成改革的理想"。

霍尔和霍德也认为："虽然每个人都想谈论一些诸如政策、系统、组织要素这些比较宏观的概念，但一个成功的变革既发端于个人，也落脚在个人身上。一个组织只有在其中的每一个成员都发生变化时，它才会发生整体的变革。换言之，一个组织的变革依赖个体成员的变化。"因此，校长要保证在学校中实现课程政策目标，需要学校全体人员特别是教师的积极支持和参与。能否保证学校人员的积极参与是校长课程执行力的重要体现，这不仅体现了领导水平，也体现了校长的能力。此外，校长要在学校中有效执行课程政策，不仅需要学校人员在课程改革中积极地发挥作用，也需要学校人员积极地参与制定课程执行计划。而且，课程执行环境也只有对学校人员产生积极的作用时，才能真正地发挥影响力，有效地保障课程改革的顺利实行。因此，校长在这三个流程中必须以课程执行人员流程为核心，围绕着学校人员的积极努力开展各项工作以充分发挥课程执行力。

在政策学研究中，"政策目标的实现都需要一定的政策手段来保证，政策执行过程中的每一个环节都离不开一定的政策手段，政策手段的恰当与否直接关系到政策目标能否顺利实现"。因此，政策执行者在执行政策的过程中采用一定的政策手段是非常必要的。

1. 行政手段

行政手段是校长依靠权力权威，采用行政命令、指示、规定及规章制度等行政方式而发挥影响作用的，它是同校长所拥有的权力紧密联系的，是校长

所能采用的最直接的政策工具。校长在本校积极倡导改革时，势必在制定改革前景的过程中无法让每个人都心悦诚服。但是校长们也必须随时准备动用强制力，用来改造一个出现功能障碍的学校集体，使之达到专业规范。有意思的是，一旦新的规范得到牢固确立，也就没有必要事事诉诸强制力了。在一所学校刚开始实行课程改革的时候，采取一定的强制手段有利于促进改革的实行。因此，对于校长来说，可以适当地采用行政手段工具，用命令、指示、规定及规章制度等方面的措施。行政手段工具的表现方式可以是口头上的，也可以是书面上的。在课程改革中，行政手段工具主要表现为校长自主决定在学校中实行课程改革，然后通过口头宣布，或者发放书面材料给各个年级组、教研组以及教师本人等形式，强制性地要求学校中的各部门、教师进行课程改革。并且，行政手段通常附带了惩罚机制，规定了不服从命令的受罚方式。

其目的是要促使各部门、教师服从命令，改变行为方式，参与课程改革。然而，"命令只有在特定情形下才是合适的政策工具"。教师参与课程改革主要是以课堂教学活动为主，课堂教学活动效果需要师生双方的共同努力，而并非直接的行政手段所能替代的。而且，如果学校人员并不认同校长的权力，或者是惩罚机制过于苛刻，行政命令就会受到抵制，命令无法得到执行，就会失去效果。因此，行政手段工具虽然能在一定的短期时间内取得显著的效果，但是如果没有其他手段或工具的相互弥补，或者是一味地采取行政手段，势必会影响学校人员对课程改革的热情。

2. 激励

激励是校长促进学校人员参与课程改革的重要手段之一。什么是激励？从诱因和强化的观点看，激励是将外部适当的刺激（诱因）转化为内部心理动力，从而强化（增强或减弱）人的行为。从内部状态来看，激励即指人的动机系统被激发起来，处在一种激活状态，对行为有强大的推动力量。从心理和行为过程来看，激励主要指给予一定的刺激激发人的动机，使人有一股内在的动力，朝向所期望的目标前进的心理和行为过程。课程改革是一个复杂的过程，课程改革要取得明显的成效也不是一朝一夕的事情，需要课程执行人员长时间的实践努力。在这一过程中，课程执行人员难免因为改革的长期性、难以预见改革成效而对课程改革产生动摇，对改革失去信心，不再有改革热情。因此，校

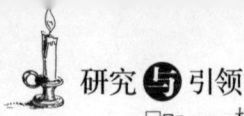

长利用激励就是要激发学校人员的心理动力，保持他们参与课程改革的热情。

从形式上看，校长可以采用物质激励、精神激励和行为激励等方式。

物质激励即是采用金钱或其他物质形式为诱导因素来激发学校人员的积极参与。然而，应该注意的是，"如果工作人员参加新的课程实施活动仅仅出于经济方面的原因，这应该引起教育领导者的重视。因为仅仅出于经济原因而加入课程变革和实施工作的人所贡献的力量是微薄的。要想使课程变革制度化，必须诱导人们的内在动机。过多地依赖外在刺激实际上会对人造成束缚"。并且，"增加了投入而未能收到任何效果的情形经常发生"。从这一意义上来说，校长应该努力把物质激励同其他激励方式结合起来。

精神激励则主要是赋予学校人员以"荣誉"而采取的激励方式，比如授予"先进称号"、宣传教师的优秀教学经验等。

行为激励则主要是通过校长与某一位学校人员的交往，在交往中对其行为表示认可与赞赏的方式，此种方式是短时间内的激励，但有时也会有意想不到的效果。

不同的激励方式各有优劣，校长在采用激励的时候应该实现不同方式的统一。譬如在进行"骨干教师培训"的时候，既投入了相应的教育培训经费，又使受训教师具有"骨干教师"之名。另外，如果校长能经常地、持续地关注每一位"骨干教师"的培训情况，这样的激励效果也许会比较长久。

3. 专业发展

所谓的"专业发展"指的是学校人员（主要指教师）通过各种途径、方式与方法学习专业知识与技能，进而提高专业能力的过程。课程改革需要校长和学校人员的共同努力，专业发展则促进了学校人员领会课程改革内涵、习得新的知识与技能，从而能进一步适应课程改革的需要，有效地推动课程改革的发展。

霍尔和霍德在其提出的"干预"理论中指出："变革意味着构建对事物新的理解，以新的方式来做事情。如果教师们准备实施新的课程方案和新的教学方法，那么他们必须学习该如何去实施。因此，学习是变革得以开展的基础和必然结果。正规的教师培训和其他形式的员工发展活动，是实施者们实施变革的必要准备。"从我国当前的课程改革来看，通过不断的学习以适应新课程改革也是非常必要的。我国当前的课程改革在课程目标、课程结构、课程标准等方面提出了新的内涵，提倡新型的师生关系、实现教学方式的转变，并且对教师角色也提出了高要求。因此，校长需要在学校层面上积极推动教师的专业发展，促进教师的知识、技能、能力等方面的进步与发展以适应新课程改革的需要。

从形式上看，校长可以从提供教育培训机会、建设学习型组织等方面来促进教师专业发展。教育培训是促进教师知识、技能、能力等方面适应新课程改革需要的重要途径，有效的教育培训可以促进教师课程理念上的转变，丰富他们对新课程内容以及课程改革的认识，专门的教学策略培训也有利于实现教师教学方式的转变，提高他们驾驭新课程的能力。然而，从时间上来看，教育培训通常是由教育行政部门所提供的，具有阶段性，校长不能自主决定。而且这类的教育培训有时常常无法满足学校和教师的实际需要。因此，校长可以领导学校人员开展学校内部的专业发展，提倡学校人员之间的互助合作、沟通交流，建设"学习型组织"。在这一过程中，校长应该努力做到：

第一，关注个体与全体的成长。"学校学习型组织建设的终极目的是校长与学校组织群体的可持续发展。"因此，校长不仅要促进自身的成长，也要促进学校其他成员的共同成长；不仅要促进部分人的成长，更要促进学校人员的整体成长。校长要积极参与到学习型组织的建设中来，在建设学习型组织的过程中与学校人员共同交流、共同分享、共同促进。

第二，提供持续、有效的帮助。"虽然成功执行需要（一定的）'压力'，但是也同样需要支持，刘易斯和迈尔斯也曾指出，帮助极大地有益于教育改进。因此，变革促进者要努力做好'干预'，如果不进行干预，那么组织成员将会在一种孤立且无知的情况下实施变革。"在这一意义上，校长要为学校人员提供应有的帮助，持续、有效的帮助是促进学校人员持续学习的重要保证。具体的可以采用这些方法：提供有关课程改革的信息，提供学习材料，提供教育培训机会，聘请学校外部专家、教育行政人员对学校的改革进行指导，提供与其他学校的课程改革经验交流机会等。

4. 课程共有

麦克唐奈尔和埃尔莫尔认为，制度变革指的是在个人和部门之间的分配权力的政策工具。在学校的课程改革中，这一政策工具可以相应地理解为校长与学校人员的课程权力分配上。校长在领导学校人员进行课程改革的过程中，有时会遇到学校人员特别是教师对课程改革进行抵制，虽然教师抵制课程改革的原因是多方面的，但是其中一个原因就是课程权力上的不平衡。因此，"消除对变革的抵制的方法之一是在学校管理层和组织成员之间，即在学校的行政领导和教师之间建立一种权力平衡"。在这一意义上，校长需要在学校课程改革中实现课程权力的合理分配，而"课程共有"理念有利于促进校长与教师之间的课程权力分享。

"课程共有"作为"使每一位与课程相关的人员都能积极参与课程政策制定的过程，表达各自的愿望，共同为我国课程的健康发展做出贡献"的课程权力分配的理想状态，应该在学校课程改革中得以贯彻。当然，这不是仅仅体现在课程执行计划的制定上，也表现在具体的执行活动如课堂教学中。要促进"课程共有"理念的贯彻执行，不仅需要校长分享决策权力以吸引教师们积极参与到学校的课程改革决策中，而且要让教师们参与制定学校的课程执行计划，为学校的课程改革提出建议与意见，若领导者能够做到这一点，全体教职员工就会视课程变革工作为分内之事，并对其工作认真负责。此外，校长也更需要给予教师课堂教学自主权，促进教师在课程政策要求的范围内自主组织与建构课程教学内容、开发与利用课程资源，进而提高教学质量。课程共有对校长的权力产生了影响，改变了校长单独决策的局面，使校长需要更多地考虑教师、学生以及家长对决策的影响。

5. 宣传改革

宣传改革主要是基于这样的假设：旧有的课程理念不能适应新课程改革的需要，学校人员需要更新课程理念才能进一步适应新课程改革的需要，而加强对新课程理念、课程目标以及其他与新课程相关的宣传可以促进学校人员按照新课程要求实施改革。其目的主要是促进学校人员认可与接受新课程，提高认同感，实施新课程。Glathorn曾指出："我们要发展业已计划好的课程变革的支持者，我们期望他们能够接受新鲜事物，打破新旧界限，开拓新的领域，并吸引其他人加入工作中来。"因此，校长要通过各种方式在学校中形成课程改革的舆论氛围，从而使学校人员都受到这种舆论氛围的影响。在这一工具的运用上，校长可以采用口头的、书面的或者是电子信息等方式加强宣传，如校长可以在学校教职工会议上多次强调新课程的重要性，指出当今新课程的实施情况，以此表示出校长本人对新课程改革的关注；可以在学校内的各种通知栏里张贴关于新课程的信息；并且可以运用学校电子网络系统（如果有的话）发布更多的新课程信息；等等。应该注意的是，宣传改革应该同其他工具相结合，否则，没有相应的实际措施辅助的话，新课程改革只会停留在"口号式"的宣传上，就会止步不前，难以推进。

总的来说，这五种"政策工具"各有自身的优劣之处。单纯的行政手段虽然能取得即时的效果，但往往不会长久，甚至会遭到学校人员对课程改革的抵制，激励虽然能够从一定意义上调动学校人员积极参与课程改革，但是在激励方式的选择上必须尽量多样化；在促进学校人员特别是教师的专业发展上，校长应该提供持续性的帮助，并且要发挥模范带头作用；教师也是课程权力主体之一，教师在课程改革中的权力分享可以促进教师的积极参与；宣传改革虽然能带来理念上的变革，但倘若没有其他手段的配合使用，也难以真正对课程改革产生积极的影响。因此，校长需要选择好合适的政策工具，相互结合使用，才能在促进学校人员积极参与课程改革上发挥更好的作用。

三、课程执行环境流程是校长课程执行力的基础

这里的"课程执行环境"指的是校长为学校课程改革发展所能提供的支持性环境，包括物质环境、制度环境、文化环境和关系环境。因而，所谓的"课程执行环境流程"指的是校长在物质环境、制度环境、文化环境和关系环境上的努力建设。任何教育政策的施行都要受到所处环境的制约。适合的社会环境无疑有助于政策的推行，反之，不良的社会环境必然有碍于政策的顺利实施。在学校的课程改革中，校长要发挥课程执行力，离不开课程执行环境的保障作用。没有物质环境的保障，校长在执行课程政策过程中难以促进改革的深入发展；没有制度环境的保障，难以保证课程改革的秩序性；没有文化环境的保障，课程改革是不深远的；没有关系环境的保障，校长在课程政策执行中就会倍感压力，从而抑制了课程执行力的发挥。因此，拥有合理的课程执行环境是校长课程执行力的基础，是校长能进一步有效地促进学校人员执行课程政策和课程执行计划的重要保证。

1. 物质环境建设

物质环境指的是学校的物质资源，包括学校建筑物、各种设施、各种形式的信息资源（如学习材料）等。校长要发挥课程执行力，要在学校中实行课程改革，需要具备一些固有的物质资源，如校舍、课桌椅、各种教学设备等，这是任何一所学校开展教育教学活动的最基本的条件。物质资源的完备与否都会对课程改革产生影响，而进一步而言，物质资源是需要经费投入的，如修葺校舍、添置课桌椅、教学设备、办公用品、教师教学用书等，都需要具有一定的经费才能予以保证，"经费资源是最为重要的，是其他资源的经济基础"。

然而，"经费虽然是政策执行的基础和动力，但是我们绝不能误以为'花钱就可以解决问题'，因为过度的花钱会造成许多恶性循环"。而只有保证经费使用的效益，也就是要使经费"用得其所"时，才能使经费发挥最大的作用。而要使经费得到合理使用，校长应该清楚哪些物质资源是当前急需添置的，哪些是可以在以后进一步完善的；哪些物质资源在数量上不需要太多，哪些物质资源又要保证足够的数量。有的时候，物质资源不能得到满足是因为学校的有限经费资源用在了人力资源上面，教师工资、福利、培训费用等都需要经费投入。有些学校没有足够的经费，有限的经费除了保证教师工资、平时所需的教学用品之外，并没有多余的财力投入物质资源建设，这在许多农村学校中表现得更为明显。校长在这样的情况中常常是"巧妇难为无米之炊"，根本无法从物质条件上保证课程改革的发展。从这一意义上说，校长在学校的物质环境建设中要做好经费资源的供给与分配，进而保证物质资源的充足与完善，为课程改革的发展提供物质保证。

2. 制度环境建设

制度环境是学校各项工作得以运转的规章、制度等。制度是人们处理社会关系实践的产物，是对人们的行为方式、生活习惯等方面的原则规定，以此来整合和调控社会关系。就制度的本来意蕴而言，制度具有多样化的功能：规范性和秩序性，合理性和合法性分配，导向和激励功能，协调性和整合性。学校制度环境建设是要通过各种规章制度来实现这四项功能，制度环境的建设是为了保证课程改革的秩序性。校长在这一制度环境建设中，主要应该做好监督检查、奖惩评价、沟通交流等方面的制度建设。

第一，监督检查制度。富兰认为，变革是非直线的，充满着不确定性，有时还违反常理。变革就像旅程一般，会遇到无法预料的问题。莱文对此也表示了相似的看法，他认为"整合一个项目，让人们接纳项目，再让人们去实施，并期望预期结果得以实现，是相当困难的过程，很少是直线前进的"。对于学校的课程改革来说，过程是复杂的，并非制定了课程执行计划、调动了学校人员的积极性之后，就能自动地实现课程政策目标。在学校课程改革过程中也同样会出现多样化、不可预料的问题，这些问题如果没有及时地被发现并得到合理的解决，将会给随后的课程改革带来更多、更大的阻碍。因此，需要校长在课程改革中进行及时有效的监督检查，"及时有效的监督检查是教育政策有效执行的重要保证"。

并且，监督检查应该是经常性的，经常性的监督检查可以增强学校人员对所检查内容的关注。此外，校长在监督检查的基础上应该对所出现的问题进行分析，指导学校人员应该如何进一步行动。校长对改革中出现问题的解决能力如何，对学校人员的指导效果如何，反映了校长课程执行力的高低。

第二，奖惩评价制度。奖惩制度是为了更好地激励学校人员参与课程改革的积极性，奖惩制度的设立同时又与评价制度相联系。校长在对学校人员进行奖惩的时候应该采用自我评价与他人评价相结合的评价方式，并且在评价中要设定明确的评价内容和评价标准，设计合理的评价工具，从多方面收集相关的资料信息并进行分析。另外，评价不应仅仅是判定一个人合不合格，达不达标，而应该从评价信息中改进不足，促进其发展。这样的评价方式能对学校的课程改革产生积极的作用。

而对于如何实施奖惩方面，霍尔和霍德的建议可以提供借鉴："公开或私下对员工的工作表示认同，邀请员工与大家一起分享他们在追求发展目标时所做出的努力和遇到的经历，通过甄选和淘汰的方法使一些原本不积极的员工都能投身到实现学校的发展目标来。"不管是评价方式也好，奖惩也好，校长都不应是为了评价而评价，为了奖惩而奖惩，评价和奖惩应该以促进学校人员不断提高能力、得到进步为目标。

第三，沟通交流制度。沟通与交流是为了促使信息在不同个人、不同部门或者个人与部门之间的信息流通，在信息流通的过程中，使大家了解当前课程改革发展状况。沟通交流也是校长进一步发现改革问题、对改革提供指导与帮助的重要途径。而从沟通交流的时间、地点、方式来看，校长可以实行多种不同的沟通交流方式，有影响力的促进者总是会充分利用所有机会与教师交往，向他们提供帮助和支援。在时间上，沟通交流可以是固定的、周期性的，如每周一次的教职工大会；也可以是随机的、随意的，如"单腿"式的交流，利用课间短短的几分钟时间与授课教师进行有关新课程教学方面的交流，了解教学中的问题，并及时地给予评价、提出改进建议；沟通与交流也可以在各种场所进行，如路上、办公室、餐厅、楼梯或者走廊等地方。在方式上，校长可以采用直接的对话交流，面对面地获得信息，也给予对方意见，这具有即时性的效果；或者通过书信、便笺甚至是电子传媒等方式同学校人员进行交流，这种方式在时间上具有滞后性，且校长难以当面知道对方的感觉。应该注意的是，校长在与学校人员的沟通交流中应该摆正与学校人员的关系，以问题的解决为导向，做一个"倾听者"，认真听取学校人员对问题的分析与看法，对问题解决的建议，了解他们的需求等；同时也要做一个"对话者"，与学校人员进行平等的、推心置腹式的交流，以获取更多的信息。

3. 文化环境建设

文化环境是学校人员的信念、价值观以及引导他们行为、关系、态度等方面的规范。文化环境建设指的是校长在学校中积极建构适应学校课程改革的学校组织文化。学校组织文化指的是"学校在长期的教育实践和与各种环境要素的互动过程中创造和积淀下来并为其成员所认同和共同遵循的信念、价值、假设、态度、期望、故事、逸事等价值观念体系，制度、程序、仪式、准则、纪律、气氛、教与学的行为方式等行为规范体系，以及学校布局、校园环境、校舍建设、设备设施、符号、标志物等物质风貌体系"。学校组织文化包括学校精神文化、学校规范文化和学校物质文化。并且，学校组织文化具有标识、稳定、导向、凝聚、激励、规范和教育方面的功能。可以看出，学校组织文化与物质环境、制度环境具有紧密的联系，而促成这一紧密联系的就是人的活动，因为物质是静态的，制度是人规定的，只有通过人的活动才能促使物质和制度体现自身的价值，而物质和制度的价值体现又反过来作用于人的活动。

在学校组织文化层面上，校长应该努力促进学校课程执行力文化的形成。

课程执行力文化即把有效地实现课程政策目标作为学校人员课程改革行为的最高准则和终极目标的文化。课程执行力文化也是蕴含于学校物质环境与制度环境之中的，课程执行力文化不仅体现在物质环境与制度环境促进学校人员参与课程改革的作用上，也体现于学校人员自身对于改革的价值观念体系以及行为方式上。植根于物质环境、制度环境以及个人价值观念体系和行为改变的课程执行力文化是推动课程改革不断向前发展的动力。校长在这一文化的形成中要发挥带头作用，以自身的价值观念、努力行动带动学校人员，形成有利于学校课程改革发展的课程执行力文化。

4. 关系环境建设

关系环境则表现的是一种对外关系，指校长与学校外部的不同个人与组织之间的相互联系的作用。关系环境建设指的是校长与校外个人或组织保持一定的联系与作用，进而赢得外部合作与帮助以促进学校课程改革的发展。虽然课程改革最终要通过学校落实课程教学，但是学校并不应该是孤立无援的，学校不是孤岛，学校也需要外界的支持。

积极地开展与外部合作，创造多样的推动学校课程改革发展的机会，是校长在关系环境建设中的主要目的。总的来看，校长可以使学校同教育行政部门、家长、教育研究机构（教育专家）、社会机构、其他学校等建立合作关系。

首先，在同教育行政部门的关系建设中，校长要积极地争取教育经费、教师培训的机会以及更多的课程权力等。教育行政部门是学校、校长的上级领导组织，对学校的课程改革负有不可推卸的责任。

其次，家长与学校的联系越来越密切，家长对学校如何改进教学、提高教学质量、促进学生发展上可以发表更多的建议。教育研究机构（教育专家）可以为学校提供理论与实践上的指导，他们的建议与指导可以提高学校课程改革的质量，使改革更有针对性与方向性。社会机构是学校在课程改革中的重要资源，可以为新课程改革提供丰富的课程资源，有利于缓解学校内部课程资源上的压力。与其他学校之间的经验交流可以开阔学校的课程改革视野，可以在经验交流上相互借鉴，创造性地形成学校的特色经验。

第三章

校长课程领导力形成因素及提升途径

第一节　校长课程领导力形成因素

课程领导的过程牵涉到人与环境的互动，故课程领导常会受一些因素的影响。在学校的现实境遇中，校长面临的应然状态和实然状态之间的矛盾冲突等各种各样的因素都影响着校长的课程领导，制约着校长课程领导力的提升。笔者认为，校长课程领导力之所以存在诸多问题，既有教育制度、思想文化层面的因素，又有校长自身以及支撑环境层面的因素。

一、教育制度层面因素

1. 集权管理体制的影响

长期以来，我国实行高度集中的教育管理体制，学校必须服从上级、听从指挥，必须严格按照上级主管部门的行政指令、规章制度行事。课程管理实行高度集权统一的模式。教学计划（课程计划）、教学大纲（课程标准）、教科书只有国家有权制订、编写，地方和学校只需按照统一的规定执行而不得任意修改，学校必须根据教育部统一规定的教学计划、教学大纲、教科书进行教学。基础教育课程管理权力的高度集中和统一，弱化了学校（校长）课程领导的地位和作用。在中央集权的课程管理体制之下，学校不需要做出什么改变，校长被排斥于课程之外，只需依照上级的要求执行即可。课程开发由国家教育权力机构组织相关专家决策、编制课程，学校只能机械地执行上级下达的课程指令。校长和教师无权参与课程的开发和决策，这种课程既是防教师的，也是防校长的。课程实施的过程就是忠实而有效地传递课程的过程，校长只是既定课程的传递者，而不应当对课程做出任何调整和变革。

这种线性、机械的课程管理方式使得校长习惯于中央集权下的课程执行者的角色，形成了对上级的依赖心理。在他们看来，课程主要还是上级教育行政部门的事情，校长的任务无非是使上级教育行政部门的课程主张在学校得以体现。长期的集权管理不仅使校长缺乏课程领导意识，还使得校长缺乏一定的课程领导能力。据笔者在一些学校的调查发现，大多数校长认为，尽管新一轮基础教育课程改革提出了三级课程管理体制，赋予学校一定的课程管理权限，校长的课程管理权得到政策的保障，但是仍然存在诸多问题，特别是来自上级主管部门的规定、命令、规范对学校控制依旧过多过死，学校课程管理的自主权难以落实，校长难以有效开展课程领导工作。一些校长指出，由于长期被动的集权管理，当被给予课程领导权力后反而感觉无所适从，不知道从何处开展课程领导工作，缺乏相应的课程领导能力。

2. 科层化管理体制因素

科层理论是由德国著名学者马克思·韦伯（Max Weber）博士提出来的。科层体制又称"官僚体制"，是一种权力依职能和职位进行分工和分层，以规则为管理主体的组织体系和管理方式。科层化管理体制是指像政府机关那样层次分明、制度严格、权责明确的组织模式。

一个正规的科层化组织在处理有关控制和协调组织成员行为之类的事情时强调五种机制：

（1）坚持等级式的管理和对低层人员的监管。

（2）确定和保持适当的垂直交流。

（3）制定明确的书面规章和程序以确定标准和指导行为。

（4）颁布明确的计划和日程以供参与人员遵守。

（5）在组织等级体系中增加监管人员和行政人员，因为有必要这样来解决组织在不断变化的条件下所面临的问题。

美国学者马克斯·阿博特（M.G.Abbott）是最早提出学校组织有许多特征符合韦伯原则的教育管理学专家之一。他认为，学校组织具有分工的专业化特点；学校内部有着明确和严格的纪律和规章制度；学校管理的理性化程度高；教职员是按照自己的职务、责任、工作量领取工资。当然，学校组织的科层化能提高学校管理的效率。但是，在科层化组织中，由于强调等级层次、角色关系、标准化程序、来自高层的控制、服从纪律的价值观念，使得学校变得僵化、刻板，学校内部缺乏感情交流和理解。更为严重的是，由于上级有权控制沟通，开展活动，为下级部门规定目标，干预教师的工作进程和工作设想，这些都极有可能对一个需要自主性和创造性的学校造成严重后果。

就目前来看，受科层化管理体制的影响，校长和教师因等级层次、角色分工而形成自我价值的认同，以至于校长课程领导处于一种两难的境地。一方面，我国现有的学校作为整个国家科层体系上的一环，校长受到来自上级教育主管部门的支配与控制，缺乏课程领导的自主权。比如，在统一要求与自主发展之间，教育行政部门一般会对学校课程提出统一的要求，但是学校又有自己的特色，这时校长就不得不因统一而妥协，因为它关系到对校长和学校的评估。另一方面，学校本身被作为一个正规的科层组织来建立，校长又支配着学校教职员工，使学校内部形成强力的控制，教师难以真正参与到课程领导中来。受学校角色分工的影响，校长是领导者，教师是被领导者，当这种角色分工和课程建立起联系后，校长就被认定为是"合法"的课程领导者，教师就成为被领导者了。这两个方面的强力控制和对个体的严格监管都会使校长的课程领导陷入困境。

3. 学校评价机制的影响

学校作为个体教育和社会人力资源提升的场所，时刻面临各方的评价。学校课程改革与发展既可能会因为合理的学校评价而获得有益的发展方向和策略，也可能因不合理的评说而陷入困境。现行的学校评价以升学率作为评价学校质量的唯一标准，使学校不仅不能成为素质教育的倡导者，反倒成了应试教育的守护者，阻碍着学生的成长和教师的发展，制约着新课程改革的推进。"应试评价"成为制约新课程改革的一个很重要的因素。虽然"素质教育"的推行已有十几年的历史，但现有的学校评价依照的仍是"应试教育"的评价模式。在公众心中仍然是以升学率作为"什么样的学校是好学校"的评定标准，"升学率"拥有着一票否决的权力。没有升学率作为基础，其他方面再好也无济于事。学校的美誉首先来自学生的学习成就，而不是对学生的素质提升。社会上一些对于学校的正式或不正式的排名也都是把"升学率"作为基准。

在社会强大的压力下，学校不得不转变自己的身份认同，用"升学率"为自己作明证和辩护。这导致学校视课程改革所倡导的新理念于不顾，把全部的精力放在教学安排上，把工作重心聚焦到学生学业成绩的提升上。诚然，教学活动应是学校的重要任务和工作核心，但如果用教学替代或挤压其他活动，就会造成学校发展的片面化。新一轮课程改革倡导"立足过程、促进发展"的学校评价，这不仅仅是评价体系的变革，更重要的是评价理念、评价方法与手段以及评价实施过程的转变。新课程强调建立促进学生全面发展、教师不断提高和课程不断发展的评价体系，在综合评价的基础上，更关注个体的进步和多方面的发展潜能。可是，现行单一的评价标准束缚了学校的手脚，限制了学校发展的空间，最终会导致学校和学校成员的扭曲发展。据笔者对一些校长的访谈发现，即使校长响应新课程改革的理念，注重对学生能力的培养，但如果导致学校升学率不断下降的话，他将会陷入被指责的困境，甚至会面临被免职的危险。同时，受"应试评价"的影响，各个学校之间是一种竞争关系，这种竞争关系使得学校彼此处于隔绝、孤立的状态，学校之间缺少必要的沟通与交流，校长缺乏课程领导的同行者。可见，如果学校评价机制不改革，校长有效实施课程领导也只能是一句空话，面对社会各界的巨大压力，校长们往往是心有余而力不足。

二、思想文化层面因素

1. "大教学论"思想的影响

自18、19世纪欧洲教育家最早系统论述教育学原理以来，人们关注的重点不是课程，而是教学，因为当时课程还没有成为一个独立的研究领域，人们是把内容与教学方法合在一起探讨的，而且侧重点都放在教学上。在俄文中，"课程"一词极为少见，倒是"教学内容"司空见惯。在凯洛夫任总主编的《教育学》一书中，认为教学内容是学生在教学过程中所要掌握的系统的知识、技能和技巧，它可以分为三部分：教学计划、教学大纲和教科书。自凯洛夫时代始至20世纪80年代，在苏联的教育学著作中，课程就一直被作为教学内容来谈，而作为教育科学的一个相对独立部分的教学论便担负起研究教育过程的概念和本质、教学原则、教学内容、教学方法和组织等基本问题的任务。我国长期受苏联这种教育学模式的影响，流行把课程作为教学一部分的"大教学论"思想。教学计划和教学大纲是作为政府行政部门指导性文件下发的，教科书也是统一编制的。在这种情况下，课程不是探讨的对象，学校和教师要做的

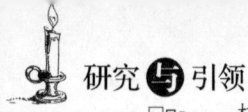

工作是如何实施的,即如何组织教学,以达到规定的要求。对于学校教师和校长来说,课程是十分遥远的。这种观念至今未引起根本性的变化。

一直以来,在校长和教师的观念中,只有教学而没有课程,更不用说课程领导了。校长以强调监管教师和教学活动的教学领导为主,实际从事课程方面的领导较少,甚至于没有。人们普遍重视教学领导的研究,而忽略课程领导的研究。

从教学领导与课程领导在我国的发展来看,教学领导的研究已行之有年,而课程领导的研究主要是随着新课程改革的实施才逐渐受到重视。对于校长课程领导的研究滞后,甚至可以说才刚刚起步,一些研究还只是停留在对校长角色做简单的思辨性分析上。因此说,受"大教学论"思想的影响,校长们多是熟悉教学领导的概念而不清楚课程领导是什么,更不用说有效实施课程领导了。

受传统学校文化的影响,任何个人、机构的存在和发展都不可能脱离传统文化、习惯的影响,特别是涉及社会准则、价值观和精神层面传统文化与习惯的影响力更大。由于学校这一特定场所拥有独特的社会结构、地理环境、人文景观,教师和学生生活在其中可以形成一系列传统习惯、价值规范、思维方式和行为模式等,这些构成了独有的学校传统文化。传统学校文化渗透在学校的各个维度,在不同的层面上发挥着不同的作用,但也有一些成为学校发展的桎梏。在课程改革中,我们能够感觉到一些传统学校文化对改革的消极影响,诸如学校保守文化、权威文化等,它们在不同程度上影响着学校课程的发展,制约着校长的课程领导作为。

学校保守文化主要表现在其自身的封闭性上。学校将自身视为一个封闭的系统,很少与外界进行交流与沟通。许多学校都不向社会敞开自己的大门,极少邀请社会相关人士参与学校活动。学校文化的这种自我封闭性,使学校和教师以封闭的心态看待外部世界的变革,而不能以开放的心态接受新生事物,由此习惯于维护现状,拒绝合作,排斥变革。学校权威文化的表现是注重不同角色的权力等级,校长、教师,甚至包括学生在内,各自在自己的范围内行事,下级不敢对上级的决策质疑。从学校课程实施的过程来看,绝大多数情况下都是学校领导班子制定出学校的课程方案,教师只要按照设计好的方案执行就可以了。这种忠实的课程实施观一方面使教师成为学校课程决策的边缘群体，另一方面导致教师对课程参与和决策的疏离，缺乏热情。而教师的课程决策边缘群体地位，必然会影响教师文化的发展和变动，很可能会产生对变革的阻力。此外，学校的权威文化也导致校长在课程领导的过程中无法知悉教师的真实情感。改革过程中，人们不可避免地会遇到忧虑、担忧和压力，会有不同的关注事物，而学校的权威文化，使得教师不敢向校长表达自己对改革的困惑。如果采取的变革不能适当地关注到人的情感、尊重人的人格，就有可能遇到阻力。因此说，传统学校文化的封闭保守与权威控制是导致校长课程领导力问题的原因之一。

三、校长自身层面因素

1. 心理因素的影响

改革意味着用不确定性和模糊代替已知的东西，意味着个体必须面对未知的领域，因此，变革会给个体带来不安全感。在现有学校通过实质性的变革走向自主发展的过程中，必然要求学校每一个人的思想、观念、活动方式、行为等各个方面发生变化，甚至会威胁到某些人的职位。这样，一个曾经很优秀的校长，在新的学校变革的要求面前，可能会失去昔日的光环，而使其产生危机感。

同时，这种变革的压力也常常使教师、行政管理人员增加焦虑和不安。学校中个体的不安全感极有可能成为变革的障碍，使他们视变革为麻烦而极力抵制变革。

正如一位学者所言，"缺乏安全感的教师、管理者和家长的反应，多半是尽量牢牢地坚持他们熟悉的东西，甚至是对某些具有过去学校特征的、曾被实验证明是正确的基本原理的回归。"

其实，有很多校长厌倦了现在的教学，很希望学校变革，但就是没有那个勇气。因为改革需要一个长期的过程，刚开始的时候不一定能够见到成效，并且可能会影响到已经取得的成绩，校长们承担着巨大的心理压力，在没有看到改革的成效之前，他们不敢轻举妄动。再者说，改革存在着一定程度的风险，有成功的可能，也有失败的可能，教育主管部门的领导都不愿冒这个险，更何况校长呢？

万一不成功，校长们难以承担改革失败的责任和后果。与其进行不能预测结果的盲目改革，还不如维持现状，毕竟改革失败的后果不是校长所能承担得了的。因此说，在当前的基础教育课程改革中，校长们的心理极其复杂，既有对未来的憧憬，又存在着对现实的焦虑与不安，这些都成为制约校长课程领导有效达成的因素。

2. 专业素养的影响

校长课程领导是一项专业的工作。面对复杂的、有时是无法预测的课程领导情境，面对选择、决定、调整、适应等多重使命，依靠传统经验和直观的"开药方"式的领导方式已经无法达成既定目标。校长若要扮演好课程领导者的角色，必须不断提高自身的课程专业素养。这就要求校长不管校务多么繁忙，仍须规划好时间，发扬主动求知的精神，用先进的教育理念和课程观念充实自己，学习并掌握课程发展与领导的相关知识，自觉融入课程改革的实践中去，努力提高自身的课程领导能力。校长不但要关注学校课程目标、推进策略的制定，而且要关注课程推进机制，课程实施的实际效果和管理工作的有效落实。总而言之，校长对课程应该有系统的思考，整体的把握，唯有高瞻远瞩，才能运筹帷幄。

但是，从目前校长的总体队伍来看，其专业素养并不尽人意。一些校长的课程观存在着偏颇，课程意识狭隘，旧有的课程管理思想根深蒂固。有些校长知识面狭窄，无法超越传统课程的局限去思考和行动，缺乏整合的专业知识以及系统的课程论知识体系。还有一些校长课程能力不足，面对复杂的、难以确定的未知领域，往往力不从心、束手无策。一言以蔽之，校长自身的专业素养不高，这从校长们的学历水平亦可看出。虽说一个人的学历与能力并不能画等号，但两者有着互为基础、可逐级转化的一致性和兼容性。学历的高低反映出一个人接受教育的文化程度，一般来说，学历水平低，其自身专业素养也就不高，看待问题的视角比较狭窄，解决问题的能力不强。据笔者的调查发现，当前中小学校长的学历水平并不理想，大多数校长的第一学历为中专或大专。虽然现学历中多数校长已经达到本科及其以上水平，可是绝大部分校长是通过自考或函授的方式获得的。而在我国当前的教育体制下，这两种培养方式并不十分理想，以致学历水平大打折扣。因此说，校长学历水平普遍不高的现实亦是校长专业素养不理想的表现，这些都是导致校长课程领导难以有效实施的重要原因。

四、支撑环境层面因素

校长的课程领导不是孤军奋战的行为，其有效实施还需要一定的支撑条件。一方面，校长是在具体的学校情境中从事课程领导活动的，需要处理好学校内部的关系，获得全校教职员工的支持；另一方面，学校是社会系统的重要组成部分，还需要处理好学校与外界环境的关系，获得行政部门、课程专家、学生家长的帮助和支持。而现实的支撑环境并不理想，教职员工的参与意愿不足、行政部门的政策缺失以及学生家长的支持不力等因素影响着校长课程领导力的提升，从而制约了校长课程领导的有效实施。

1. 教职员工参与的影响

课程领导不是个人单打独斗的行为。作为课程领导者，校长首先要处理好与学校教职员工的关系，在学校建立一种伙伴式的团队精神，实施权力分享，让全校教职员工共同参与课程决策。与此同时，校长还应帮助教师实现专业发展，让全校教职员工从意识深处认同新课程倡导的理念，促使每一个人全心全意地投入新课程改革当中，并从骨子里改变自己的行为。只有如此，才能真正充分地调动全校教职员工参与课程的积极性，从而使校长的课程领导力得以提升。然而，现实并不理想，教职员工的参与意愿不足，以或显性或隐性的方式抗拒课程改革者不在少数，校长缺少课程领导的同行者。

"任何课程改革都涉及教师的专业发展和利益分配问题，何况新课程并非既往'复演论'意义上的小修小补，对处于弱势地位但劳动已普遍透支的教师而言，挑战不可谓不大。"一方面，教师自身所做的准备不足，直接影响了他们对课程改革的信心和能力。调查发现，有些教师认为自身的专业素养需要提高后才能胜任课程改革工作；有些则认为教学工作任务繁重，根本没时间去从事教学以外的工作；更有些教师对课程改革持怀疑的态度，没有参与的热情，也不愿意为此付出努力；还有一些虽然相信新课程改革的理念是合理的，却不愿意冒影响学生升学成绩的危险。另一方面，虽然三级课程管理制度为学校的课程发展提供了空间，课程的决策民主化有了一定的进步。而实际调查中发现教师几乎没有表达课程权力的机会，不少教师并不情愿参与课程改革，承担相应的职责，问题也在这里。此外，教师工作的空间独立性、课堂自主性使得教师习惯于独立行事，拒绝合作，不能积极开放地面对课程改革。

2. 行政部门政策的影响

校长进行课程领导不是在独立的学校中进行的，而是在社会系统这个大环境下展开的。因此，不仅要调动学校教职员工的参与意愿，还需要寻求社会外界的支持，教育行政部门的政策支持和保障便是其中之一。课程政策是国家教育行政主管部门在一定社会秩序和教育范围内，为了调整课程权力的不同需要，调控课程运行的目标和方式而制定的行动纲领和准则。新课程改革出台了三级课程管理政策，确立了学校参与基础教育课程管理的权力主体地位，赋予校长一定的课程领导权力，从而为校长课程领导提供了政策上的支持和保障，使得校长课程领导力的提升成为可能。

但是，对于一项政策而言，制定出台之后并不等于能够自动地变成现实，它还需要一个执行过程。课程政策的执行是执行者自身对课程的认识、理解，并在此基础上做出计划和行动以实现政策目标的过程。在一定程度上可以说，政策执行的效果如何决定了课程改革的成败。然而，据笔者的调查发现，虽然三级课程管理的政策早已开始实施，但由于各种因素的干扰和影响，尽管政策执行者为政策实施做了充分的工作，仍不能取得预期的效果。特别是来自上级主管部门的规定、命令、规范对学校控制依旧过多过死，学校课程管理的自主权难以落实，校长们依然难以有效开展课程领导工作，现实中课程实务开展不良现象普遍存在。

3. 学生家长配合的影响

课程领导的实施不能仅依靠学校单方面的努力，家长和社区是学校可利用的丰富资源。家长和社区对新课程的观念是否清楚、对学校是否支持，会影响校长课程领导的实施。已有的改革经验表明，一项改革如果得到家长的支持，则它的推广就势如破竹，相反，如果改革没有得到家长的支持，则往往夭折。因此，学校应珍视这类资源，强调"伙伴关系"的建立，营造家校一体的共识，使家长与学校一样共同关心课程改革，办开放的、没有围墙的学校。在这个问题上，虽然学校已经做了一些工作，但没有更深层次的意识和机制性的建构，学生家长对新课程的推动与参与只表示微弱的支持，校长课程领导的实施存在着许多困扰。

学生家长之所以成为阻碍校长课程领导力提升的因素，其一便是教育观念落后。很多家长对于教育缺少必要的理性认知和评鉴能力，他们的观念仍然停留在"读书—考大学—找到好工作"的传统水平，而没有考虑人生的丰富选择性，没有反思传统教育是否真正有助于人格的完善与人生的幸福，不能跳出应试教育所设定的轨道。其二便是家校沟通不畅，学生家长不了解新课程的精神。当学生家长不了解新课程的精神时，学校就会受到不满的家长的批评，质疑学校为何不使用过去的教育方式。学生家长反对学校确定的课程改革方案，对学校改革的新要求消极应付或者强力抵触，甚至通过举报、集会、帮孩子换班或转学等方式抗议、抵制改革。在这种状态中，家长成为学校课程改革的重大阻力，往往使学校课程变革方案无法深入展开，或者即使展开也只能中途夭折。学生家长对改革的抵制态度也成为校长规划课程改革的一大心病，由于担心改革方案不能得到父母支持，学校往往选择保守施教，放弃改革。

第二节　校长课程领导力提升途径

一、更新思想观念：增强课程领导意识

思想是行为的先导。欲提升校长课程领导力，首先应唤醒、增强校长的课程领导意识，而这可以从观念更新处着手。只有校长在观念上有所突破和转变，充分意识到课程领导的重要性与必要性，才能引领全校师生员工形成课程改革的教育自觉，进而达成高品质的课程，实现校长课程领导力的提升。可以说，更新观念是提升校长课程领导力的"第一要务"。观念更新主要涉及"谁的观念？""什么观念？""如何更新？"三个方面的问题。

1. 谁的观念

美国课程专家兰姆博特（L Lambert）指出课程领导具有如下特征：

（1）一个团体，而非个别的领导者（如校长），且组织内的每一个成员都有成为领导者的潜能和权力。

（2）团体内的所有成员一起学习、一起合作建构意义和知识。领导是可以促使建设性转变的学习，学习具有共同的目的。

（3）透过成员间的交谈，把情感、价值观、信念、信息和假设表面化；一起研究和产生意念；在共同信念和信息的情景下，反思工作并给工作赋予意义；促进有助于工作的行动。

（4）要求权力和权威的再分配，共同承担或共享学习、目的、行动和责任。

由此可以看出，课程领导是领导者与共同体成员围绕课程问题谋求共识的互动过程。课程领导，人人有责。校长的课程领导不是校长个人单打独斗的行为，作为课程领导者，校长应在学校建立一种伙伴式的团队精神，实施权力分享，让全校师生员工共同参与。

基于此，观念更新包含着两个层面的含义：一是校长自身的观念更新；二是校长引领全校师生员工的观念更新。二者相辅相成，密不可分。一方面，校长作为学校课程领导者，是学校课程的"领跑人"，其观念具有群体影响力。只有校长自身的思想观念得以更新，才能引领全校师生员工形成课程改革的教育自觉。另一方面，校长不是孤立的课程领导者，学校课程与全校师生员工息息相关。只有全校师生员工的思想观念得以更新并凝聚在一起，才能共谋学校课程的发展，校长的课程领导也才能真正得以实现。

2. 什么观念

在一个将变迁当作唯一不变的未来，我们除了大步走上改革的道路，并没有其他的选择。而有成效的教育变革在过度控制与无序之间徘徊。为什么控制手段不起作用，一个明显的原因是变革过程复杂得难以控制，在许多情况下"不可知"。解决的办法并不在于设计较好的改革方案，而在于更新思想观念，用更好的方式去思考和处理其自身固有的不可预测的过程。对于学校课程改革来说，这就需要校长持有新的改革观和领导观，摒弃被动执行课程改革的思想，积极主动地实施课程领导。

课程改革是一项极其复杂的系统工程，它是理念、政策与体制结构、历史和文化的大杂烩，其中很多因素相互作用，预想不到的因素不计其数。迈克尔·富兰曾指出，变革的过程复杂得难以控制，我们需要做的不是去控制变革，而是把经历和思考教育变革的过程看作是一系列重叠的变动的复杂现象。为此，他提出了新的变革范例的八项基本启示。

启示一：你不能强制决定什么是重要的。

（变革越复杂，你能迫使它做得越少。）

启示二：变革是一项旅程，而不是一张蓝图。

（变革是非直线的，充满着不确定性，有时还违反常理。）

启示三：问题是我们的朋友。

（问题不可避免要出现，如果没有问题，你就学不到东西。）

启示四：愿景和战略计划稍后形成。

（不成熟的愿景和盲目计划。）

启示五：个人主义和集体主义必然有同等的力量。

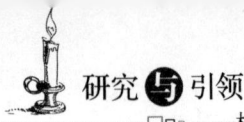

（对于孤独性和小集团思想，没有单方面的解决办法。）

启示六：集权和分权都行不通。

（自上而下和自下而上的策略是必要的。）

启示七：与更广泛的环境保持联系对成功必不可少。

（最好的组织机构向外部学习也向内部学习。）

启示八：每个人都是变革的动力。

（变革太重要了，不能把变革只交给专家，个人的思维模式和熟练掌握是最后的保障。）

国内外教育变革的实践经验告诉我们，以孤立、静止、片面的思考方式认识变革是不可能获得成功的。由此，一种新的课程改革观正逐渐深入人心。无论是自上而下的力量，还是自下而上的力量；无论是个人主义还是集体主义；无论是集权的控制还是分权；无论是教育主管部门还是校长、教师、学生和家长，所有这些问题都应该被系统地、动态地把握，任何只强调一个方面的认识都会导致变革的失败。作为学校课程改革的领导者，这就需要校长具有一种不同于以往的认识改革和实施改革的思想观念，变消极被动地接受上级部门的安排和管理为积极主动地实施课程领导。

校长是有能力实施课程领导的。建构主义提供了一种与传统的客观主义不同的认识论，建构主义主张世界虽然是客观的，但是对于世界的理解和赋予意义则是主观化的，每个人都是意义的创造者以及世界的理解者和建构者，每个人都有凭借自己已有经验对世界进行解读和阐释的能力。校长处于学校这一真正发生教育的场所，他们对于学生学习实践、课程发展现实及其需要具有最为直接的了解和最为丰富的经验。因此说，校长可以根据自己的经验和知识架构来建构课程，并引导教师和学生对课程进行积极、合理的自我建构。校长是拥有智慧的主体，具有课程领导的能力，可以胜任学校课程领导的工作。

3. 如何更新

实现观念更新，可以借助两条途径：

一是理论学习。校长首先应该加强自身理论学习，了解国家实施新课程改革的背景和目标，通过各种渠道广泛吸收关于新课程改革的信息，带领教师认真研读新"纲要"、践行新"课标"，形成正确的课程观。只有校长自身把握了新课程改革的理念，并从内心深处认同新课程改革，他才会自觉地运用课程改革的新思想、新理念去指导和管理学校的各项课程工作，切实实施课程领导。

二是实践反思。实践反思，就是主体在实践的过程中或在实践结束后，对实践以及影响实践的各个方面因素进行反省的过程。法国著名社会学家皮埃尔·布迪厄（Pierre Bourdieu）曾经指出，将社会化了的身体视为一种理解的生成能力和创造能力的宝库，视为被赋予了某种结构形塑潜力的一种"能动的知识"形式的载体，而不是某种客观对象。也就是说，社会化了的人所拥有的知识是具有能动性的，人具有理解、生成和创造知识的能力。而人的这种能动性的源泉是实践，途径就是实践反思。

增强校长课程领导意识的一个很重要的方面就是正确认识自我，而这种自我认识是通过校长在实践中培养反思能力而实现的。关于如何培养校长的反思性实践能力，罗斯（Ross）提出了可供借鉴的反思模型：

（1）描述所列出行为的特定原因。独立或在同事帮助下判断事件和行为，客观公正地分析其结果，并思考是否存在其他行为，这样可以使结果更有效。

（2）从个人角度对情境中发生的行为给出客观的评价，并尽力排除一些对结果造成影响的外部因素。

（3）分析行为及其直接和间接影响，并分析该行为对其他群体所造成的影响。

对于校长应该反思哪些问题，有学者从学校领导角色、学校变革策略及学校领导自我成长等角度出发编制成一份包含十个问题的"学校领导自测题"，这对于校长课程领导也具有借鉴意义。

——关于学校领导的角色：

你是否具有变革倾向，并把精力集中于学校改进？

你在管理学校的同时是否也在领导学校？

你的领导是否形成了一个成功的学习化团队？

你是否用研究的态度来从事学校的变革实践？

——关于学校变革的策略：

你在适应来自外面的要求的同时是否保持了学校变革的自主性？

你了解你的教师的需求、志向、优势和潜能并知道如何去激励吗？

你在学校组织内部分享了你的领导吗？你的教师有参与决策和管理的机会与权利吗？

——关于校长的自我成长：

你靠什么来引领你的学校进行变革：思想和目标，人格魅力，还是制度和纪律？

你是一个能把握发展趋势和重要机遇的领导吗？

你善于从学校整体状态的认识出发，进行学校变革与发展的决策和规划吗？

二、促进专业成长：丰富课程领导知识

"课程领导是专业的工作，徒有热情不一定做得很好，有时甚至热情掩盖了实质，模糊了问题的焦点。"由此看来，课程领导还是一个不断成长的过程。校长成为课程领导者不是天生的，唯有持续不断地学习和成长，才能增强课程领导意识，丰富课程领导知识，从而提升课程领导力。从这个意义上说，校长课程领导力提升的过程就是校长专业成长的过程。关于校长的专业成长，有学者提出了一些可供参考的想法，具体包括：实施课程行动研究、开展校长自传研究、建立民主的教育论坛、发展新形式的学习。

1. 实施课程行动研究

校长的课程领导是发生在真实的世界、真实的社会、文化脉络中的一种实践。校长不仅可以实施课程设计、实施和评鉴的行动研究，更可以实施课程领导的行动研究。行动研究的基本假设是：知识是"在行动中""为行动"而获得的。研究和行动在实践中紧密结合，即研究者兼具研究者与行动者的角色。因此，研究者希望以教育现场实际工作者的角色，在工作中采取行动、质疑、批判、省思与研究的态度。重视参与者的声音，经由对话分享彼此经验，经由协同合作来发现问题与解决问题。行动研究并无特定可套用的程序与方法，其研究策略和所应用的方法完全依研究人员共同关心的问题而定，因情境的不同而变化，所有的步骤与方案都可就实际需要而做机动性调整。一般来说，行动研究应该包含下列的实施步骤：发现问题、分析问题、拟定计划、搜集资料、批判与修正、试行与考验、提出报告等。

课程领导的行动研究把校长置身于真实的学校情境中，通过研究领导过程中遇到的问题，提出解决问题的方法，促进校长课程领导的专业成长。课程领导者不仅只是利用行动研究解决课程领导的技术性的问题，更要使用行动研究来觉醒课程领导意识，丰富课程领导知识，并不断的检讨和批判。实践观的课程强调行动和反省，人的行动是理论和实际，包含反省和行动的辩证，依据辩证和反省的结果，产生解放的行动。因此要利用批判的行动研究，加强对课程的反省、实践、辩证、意义创造，以产生解放的行动。由此可知，行动研究，尤其是批判的行动研究，使课程领导者考验课程理论、课程实际和学校组织的关系，并将其放到社会脉络上来思考。因此，课程领导者不仅要分析并改变自己的实际，更要改变课程论述和教育环境的结构，采用行动研究，以加强反省和批判。

2. 开展校长自传研究

"自传"是个体与自己对话，倾听自己的声音，在与自己对话的过程中觉醒"自我意识"。校长自传研究主要是通过叙事的方式，把自己走过的生活道路、经历和思想演变过程等系统而又有重点地通过文字形式表达出来，分析校长的个人经历对校长自我发展的影响及其意义。校长自传研究指向校长的专业成长过程，以校长的专业发展为对象，引发校长对目前自我专业发展状况和发展水平进行分析，促使校长更加明确今后自己的专业发展方向。校长自传研究和反思可以帮助校长重新看待现实中的自己，积极探寻和形成新的实践性知识，开拓专业研究视野，重建专业自我意识，形成专业发展规划。

自传的方法是以自己的个人历史作为研究对象，通过对自己历史的回顾来理解过去如何影响了现在，未来又如何镶嵌在现在之中。课程学者派纳（william F.Pinar）提出存在体验课程方法的四个步骤或环节，即回归、进步、分析和综合。

这些步骤描绘了教育经验自传研究的时间性与反思性运动，并指出知者与被知者之间认知关联性的方式，这些方式可能代表了教育经验的结构。也基于此，笔者认为校长的自传研究应做到以下几点：

（1）回顾。校长将自己的生活历程细致梳理一遍，以提供研究"自我"的基本背景。这种回顾是校长以自己的日常领导行为作为思考对象，用批判和审视的眼光对自己的课程领导理念、课程领导行为等进行自我回顾和分析的过程。

（2）关注。在生活的大背景下，校长必须特别关注课程领导生活中的关键事件，诸如有趣、难忘和难堪的事件、挥之不去的困惑、理想与现实的矛盾等，这是促成校长实践性知识重构的重要力量和直接载体。

（3）反思。校长记录自己的个人教育生活史的过程，实际上是在反思自己的领导生活经历。对一些重大事件或关键事件的厘清，将帮助校长重新看待现实场景中的自己，进而对自身的课程领导角色产生新的认识，并积极探寻和形成新的实践性知识。

（4）重构。自传研究作为一种方法，旨在帮助校长学习如何描述学校知识、生活史和思想发展之间的关系，从而达成自我转变。通过"自我"审视，校长会重构包含对技术层面上的课程领导水平与能力和理念层面上的深层教育信念。

（4）发展。校长对自己专业成长的描述，可以发现自身的人格、认知特性、知识结构对个人成长的决定性影响，可以形成个人专业成长的转折点和关键等，对这些知识的格式化和编码，有助于校长进一步认识自己，了解自己在未来课程领导工作中的优势和需要克服的弱点。

3. 建立民主的教育论坛

课程问题不是程序的问题，即不是采用独特的、合适的法则或技巧就可以解决的问题。因此说，课程问题不适合程序性的处理，只有采取行动才能解决。这就要求课程领导者建立一个民主的教育论坛，在选择答案以前，从各种观点展开论辩，权衡各种选项的可能性，以达成周延的、明智的共识。民主的教育论坛为人们提供一个展示的舞台，各方代表争论问题并分享彼此的经验，形成一个慎思的集会。校长在其中觉知课程问题，拟订各种可能的变通方案，权衡每一个方案的利弊得失，经深思熟虑以后，选择最适当的方案，并采取行动，以解决问题。

慎思是一种训练有素的对话艺术，是一个做决定的过程。因此，校长要组织小型的慎思团体，分享彼此的经验，使其成为专业成长的一种形式。民主的教育论坛以解决实际课程问题为目标，要求课程领导者必须全面考虑与实际课程问题相关的所有因素，如教师、学生、行政人员以及教材和教学环境等，综合分析各种因素对课程的影响，在整体权衡的前提下选择合理的方案。课程领导者以教育论坛作为媒介，与地方小区发展民主的伙伴关系，与小区人士、教育决策者和教育人员研讨各种教育议题，加强公共文化的素养。各领域放弃特权和霸权，从全局的角度权衡各方的利益要求，在协调各成员利益要求的过程中，彼此沟通，共同思考课程问题，使学校课程达到最优化。参与论坛的成员必须具备课程慎思的能力，这样才能确保成员之间能够相互研讨、对话、交流，共同提升对课程的认识，以有效地解决课程中的问题。

4. 发展新形式的学习

未来的社会是教育主导的经济社会。"新世纪的教育应该是一个终身学习的过程，应该训练我们如何利用信息、解决问题、发挥想象力、挖掘创造性，当然还有就是掌握某个特定领域的科技信息。"从这个意义上说，未来批判教育理论的核心是学习，而不是学校、学科或课程。学习是一种社会的过程，不受限于特定的知识脉络，学校成为公共学习的一种形式，和专家展开新形式的对话，并挑战专家知识的权威。学校领导者要将学习列为第一位，负责建立一种组织，能够让其他人不断增进了解复杂性、厘清愿景和改善共同心智模式的能力，也就是领导者要对组织的学习负责，把学校建构成为学习型组织，发展新形式的学习模式。

未来的课程应满足二十一世纪的人的学习需求，不仅要创造新的知识内容，而且要强调新形式的知识关系，如学科和学问之间、学科知识和非学科知识之间、知识的专门化和社会分工的专门化之间、理论和应用之间、学校学习和非学校学习之间的新关系等。同时师生之间、学校人员之间、学校和小区、学校和大学、教育专业和政府之间，也都要展开新的关系和学习。学习是终生的，不限于时间和地点，每一个人都可以自由取得学习、训练和培养自己的方法，把学习实现自我放在最优先的地位。这样，校长在新形式的学习过程中，不断丰富课程领导知识，并逐渐实现专业发展，从而使得课程领导力得以提升。

三、落实赋权增能：提高课程领导能力

课程领导要求权力和权威的再分配，共同承担或共享学习、目的、行动和责任。从这个意义上讲，课程领导还是一个"赋权增能"的过程。所谓赋权

增能，主要是指赋予校长课程决策的权力和增强课程执行的能力。就"权"而言，可以通过明确划分国家、地方和学校课程领导的权限，让校长真正参与到课程决策中来，从而赋予其基本的权威和责任。就"能"而言，可以通过改变校长对自己的角色定位，慢慢地增强其课程执行力，从而不断地提高校长的课程领导能力。

1. 实行课程领导分权

美国学者格拉索恩（Glatthorn）把课程领导分为四个层次，指出学校层次的课程领导承担以下职责：

（1）以学区的课程规划为依据，拟订高品质的学校课程之标准。

（2）补学区所制订的教育目的之不足。

（3）拟定各学校的学习课程。

（4）编定以学习为本的功课表。

（5）决定课程统整做法的性质和程度。

（6）课程连接。

（7）定期监看与协助课程实施的情况。

虽然这些课程领导职责是基于美国教育情境提出的，但是对我国也具有一定的借鉴意义。明确划分国家、地方和学校课程领导权限的目的在于明确各自的职责，理顺它们之间的关系，真正实现赋权承责。唯有如此，才能为校长课程领导的有效实施提供体制性保证。

在权力下放到各个学校后，校长则应继续放权，让教师在决策上扮演最主要的角色。这是因为，教师是课程实施的直接参与者，课程发展的成功与否，教师是一个关键因素。在传统的自上而下的课程开发模式之下，教师处于权力结构的最底层，课程职责就是执行国家的课程指令，遵从学科专家编写的教材及教学要求，其角色只不过是"教书工匠""教学机器"，按时完成每学期的教学任务，从而扼杀了教师的创造性，甚至会形成一种教学惰性。而校长课程领导的赋权增能，真正使教师成为课程发展的主体，增强了教师参与的意愿，同时也培养了教师的课程意识和课程开发能力。因此说，实行领导分权可以激发教师参与课程领导的热情，使他们积极地投入课程领导中来，把教师培养成领导。教师是一个拥有极大领导潜力的群体，也是学校课程改革的最佳无限资源。

校长有责任挖掘出那些具有领导潜力的教师,把他们培养成领导型教师,最大限度地发挥学校的人力资源潜能。whitaker和Smylie认为,领导型教师就是那些承担一些领导活动,并将这些活动运用到课堂、学校和社会中,从而促进他人提高教育质量的教师。领导型教师是一种同事领导同事的方式,它能够很好地促进同事间的合作,有利于课程改革的发展,并且校长也不用担心自身领导地位的动摇。把教师培养成领导者,这关系着学校课程改革是否能够取得成功。通过赋权给教师或教师团队的方式,可以有效地培养领导型教师,促进学校成功地进行课程改革,从而使校长课程领导有效达成。

把教师培养成领导者,首先需要校长改变原有的领导观念。为此,校长既要改变自身的原有假设,愿意将教师培养成领导者,而不能总认为教师应该只表现出传统的教学行为;还要改变原有的领导哲学,愿意授权于教师,让教师有相应的自主权,改变传统教师有责无权的状况。在观念发生转变以后,校长还应该担负起培养教师领导能力的重任。校长可以通过建立相应的组织机构,保证教师能参与学校的决策,并组建教师领导团队,促使教师共同学习,在互动合作中提高教师的领导技能。此外,校长还有义务在学校、政府机构或行业组织中给教师提供领导的机会,积极促进教师成为领导型教师。

2. 提高课程执行能力

从校长自身来看,校长课程领导能力不足的很大原因在于校长缺乏课程的执行力。萨乔万尼把校长的领导力量分为五个方面,即技术领导、人际领导、教育领导、象征领导及文化领导,他认为前三种是较低层次的领导力量,后两种是较高层次的领导力量。传统校长领导主要关注技术、人和教育力量,其实质是通过控制来提高课程领导的能力,而现代课程领导除重视前三个方面外,更加重视象征和文化力量,试图通过改变学校文化来提高校长的课程执行力。

执行力的关键在于透过文化影响教职员工的行为。在新课程改革过程中,校长角色很重要的定位就在于营造课程执行力文化。校长要重视课程执行力文化的整体构建,优化课程文化环境,提高全体师生对课程政策的认同感,建立民主平等的师生关系,形成良好的心理环境,提高课程文化环境的育人功能。同时要建立和完善课程执行力文化的导向机制,给课程改革注入时代的色彩和生机,还要充分调动和发挥教师和学生在课程执行力文化中的积极性和创造潜能。因此说，校长要提高课程执行力，必须向象征和文化领导转型，通过构建课程执行力文化，引导学校课程改革发展，从而提高校长课程领导能力。

四、积累实践智慧：改善课程领导作为

课程问题既不是纯理论问题，也不是纯技术问题，而首先是一个实践问题、行动研究的问题。校长课程领导必须立足于实践，并不断积累实践智慧，只有这样，才能成为有效的课程领导者。可以说，校长的实践智慧是学校课程领导成败的关键。实践智慧是从自我认识为起点的道德实践，是指向社会甚至是自然，求其普遍或共同善实现的一种可能。实践智慧的内涵可大略归纳为如下四点：①洞识与理解力；②反思与批判；③沟通、协调与执行力；④审美与创造力。

此智慧表现于校长课程领导的整个过程中，无论是课程发展与实施的要项，还是其外在影响因素的掌握，都与校长的实践智慧有关。从课程工艺学的角度出发，校长的实践智慧可以表现为如下几点：建构课程愿景与目标；革新课程规划与设计；监控课程实施的过程；变革课程评价的方法。

1. 建构课程愿景与目标

愿景乃是学校根据自身的条件，为未来发展所勾勒的可达成的愿景、愿望或较长远目标。愿景是行动的方针，形塑学校形象的指针，凝聚组织成员力量的催化剂，更是组织追求进步并赖以永续发展的凭借。从学校课程发展的角度，亦须先建构学校课程的愿景，从而给予课程工作一个明确的方向感，提供评价课程的基础，并为学校人员提供专业对话的时机。

学校愿景的建构应让全体教职员工共同参与，这样愿景才能成为组织共享的愿景。一般而言，校长在建构学校课程愿景的过程中，可以采用下列较为复杂的程序：

（1）召集参与者并把参与者组成若干个以六人为单位的小组。参与者可以包括家长、学生及学校教育人员。

（2）向参与者解释愿景建构过程的重要性，并特别强调未来将用愿景来形塑和评价课程的成品。

（3）通过检视各项有关的要素，形成参与者所需要的知识基础。所检视的

要素包括：变迁的社会、学校的特性、学生群体的特质，以及有关课程、教学和学习等方面的研究。

（4）向参与者说明他们需要各自完成的句子："我梦想中的课程是……。"在没有小组讨论的情况下，每位参与者都必须写出十个能掌握个人愿景精髓的形容词，以完成这个句子。例如，统整的、有意义的、全球观的、科技的、目标导向的等。

（5）接着每位参与者来扩展其形容词的描述。譬如"有意义的"是指课程应该让学生能够由学习的内容发现意义与目的；课程应该和学习者的生活相联系。

（6）然后，每个小组的成员以轮流的方式，和小组内的成员分享他们的形容词和句子，由小组的领导者在黑板上一一列出这些形容词。

（7）接着，小组成员分别针对有疑问的地方提出问题。小组成员再次读出其所扩展的句子，并针对不清楚的地方加以解释，以说明其形容词的意义。

（8）每位小组成员各自利用三分钟时间说明其中的一个形容词。说明完毕之后，就所列出的形容词，每位成员最多可以投15票，选出个人认为重要的项目。

（9）小组进一步讨论所有罗列出来的项目，确定获得最多票数的各项形容词，就是他们最支持的项目。

（10）在全体参与者的团体大会上，每个小组分别呈现各自的结果，而会议的主席则协助大家确认出共同的项目，并形成共识。

愿景的建构乃是一个交互作用、持续进行的过程，并不是一次性的事件而已。

愿景定出来之后，校长应该请教师不定时地加以检视，以确保愿景仍然能够持续反映出他们的理念。至于目标的发展，校长可以引导教师运用归纳或演绎的程序来建构。在运用归纳的程序时，先由现存课程方案以外之各个方案的负责教师确认出他们自己方案的目的，接着将这些个别的目的陈述加以合并，然后由全体教师检视他们的整体性，使目标更趋于明确。在使用演绎的程序时，全体教师将旧有的记录完全丢掉，进而采取一个全新的观点来看他们所欲达成的事项。其程序则是先由校长为小组做定向说明，然后协助小组形成知识基础，再检视由专业组织或其他学校系统所提出的教育目标，有了共识之后，就可以订出一系列暂时性的目标，最后再加以系统化的检视、修正，以成为明确的、连贯的、扼要的目标。

2. 革新课程规划与设计

学校课程规划与设计，是透过课程研究的情境分析，导出学校共同愿景与整体课程目标的深思熟虑构想与行动策略，所以，课程领导应该包含课程规划与设计的内涵。校长在实施课程领导时，还需透过开放多元的渠道引领课程的利害关系，在国家课程标准的规范下，依据学校课程愿景与目标，设计、规划出适合学生且具有特色的学校课程。

关于课程规划与课程设计的方法，绝大多数传统的学校是根据国家提供的标准、目标去设计、规划课程。这种"一刀切"的方法的后果是教师很少思考设计的意义，很少思考如何对设计进行修改或完善，使它更加适合某一特定学校的学生。确切地说，每一位教师使用课本或者预先设计好的相关材料来安排具体的活动。这些个人计划经常被看作教学计划而不是课程规划，这意味着教师自己并没有进行课程决策。传统的方法包括四个具体任务：

（1）确定目标。

（2）选择学习活动和材料。

（3）组织学习材料。

（4）评估课程的效果。

而亨德森（Henderson）和霍索恩（Hawthorne）认为，革新的课程领导的基本理念是，一切的课程和教学的设计与落实，皆须考虑学生是否能从教育当中获取最佳的学习成果。学生的学习应该具有深思熟虑、多元智慧、多重素养、个人顿悟、社会合作、公平合理，以及多元文化等性质，所以革新的课程领导是一项由学生、教师、家长、学校行政人员以及小区领袖所组成的课程革新团队共同参与课程革新的合作过程。因此，在革新的课程设计与课程规划中，某一特定学校的教师和共同体成员不是被动接受别人的设计，而是积极地讨论和开发他们自己的设计。在设计与规划课程时，教育利益主体考虑如下四个相互关联的步骤：

（1）协商校本课程平台。革新的课程让教师、行政官员，家长、学生和共同体成员根据他们自己对学习和什么值得学习的信念，在审视、批判和修改标准的过程中积极发表自己的意见。同时致力于四个方面的协商活动，从这些协商活动中产生课程设计平台：指导和评价课程规划的目标、标准、假设和原则。

（2）建构课程的整体观。各小组教师和共同体成员多次碰面，集思广益，讨论可能的组织者和活动，明确强有力的概念与技能，描述他们自己解决问题的故事，创造虚构的可能性，从正反两方面就具体建议展开辩论。

（3）评估学生的学习。革新的教育对学校生活的质量和学生学习的质量进行评估，以便给学生提供有关他们自己的学习及创造意义的能力的信息。这个复杂的过程必须考虑到多样化的个人表达。

（4）规划课堂中的课程。在思考和确定具体的目标、活动、材料、课文和评估时，教师（适当的时候，还有学生和共同体成员）运用设计平台、课程的整体观及其说明、学生学习的评估建议等，来思考课程设计。透过革新的方法，校长与教师、行政官员、家长、学生和共同体成员不断地研究讨论，创造性地革新学校课程规划与设计。包括学生课程规划的方案、相关论证、学生学习需求的分析、学校可能提供的条件支持、可挖掘的校内外课程资源、课程设置、实施与效果的评价与监测策略等。该课程计划一定要能体现学校独特的办学思想，反映本校学生学习的实际需求。

3. 监控课程实施的过程

学校整体课程实施，是为了减少对改革的误解与抗拒，在此阶段需透过教育人员在职进修与学校组织发展，进行专业反省与沟通，化解分歧意见，充实课程实施必要的知能，以使方案顺利实施，所以，课程领导必须审时度势，来促进教师执行有效的教学，以确保课程质量的实施。课程实施不是一个简单执行课改方案的过程，而是一个统一理念、互动调适、主动创新的过程。课程实施应该加以监控，通过监控既可掌握课程发展是否具有一致性，又可使校长能够参与课程的发展过程，使校长与课程的关系更趋明朗。校长在实施监控的过程中，必须采取务实的策略，建立一种重视持续进行与协同合作的文化，才能获得双赢的效果。而其所采取的有效行动，应该包括：

（1）确定能适时取得所需的资源。校长应该运用各种方式取得各项资源，充分提供教师所需，让教师无后顾之忧。

（2）针对教师不同的关注阶段，持续提供教师专业发展。校长应该采取积极主动的作为，以确定教师能利用时间共同讨论，交换彼此意见、分享策略，

以解决共同的问题。

（3）协助教师将教育当局所编拟的课程指引，转化为长期的计划。当教师发展出长期的计划和学习单元的计划时，校长便可与教师们进行对谈与讨论，了解主要的精熟目标是否有兼顾到？时间的分配是否反映课程的优先顺序？凡此，都有助于课程品质的提升。

（4）进行若干非正式的观察。校长进行非正式的观察可以了解教师执行课程的过程，才能提出建设性的建议。

（5）与教师共同分析测验分数。校长与教师共同分析测验分数，应针对以下的议题：测验内容是否与所教的课程一致？教师所用的教科用书及教学材料是否与课程相符？测验的内容是否分配到足够的教学时间？教师是否使用有效的教学方式？课程本身品质高不高？家长是否提供支持性的学习环境？学生是否受到适当的激励？

4. 变革课程评价的方法

课程领导是一个不断循序回馈的历程，需要持续进行课程与教学评价并提供回馈机制，了解课程实施之困难并寻求解决方案，作为改革的依据。因此，校长在实施课程领导时必须适时针对课程领导的脉络、角色、内涵和结果进行形成性评价，一方面，了解课程计划、实施等方面的问题所在，有效加以解决；另一方面，则可以了解并评估课程领导效能。

课程评价的方法取决于教育者如何回答如下五个重要问题：

（1）谁来决定评估的内容？

（2）需要回答什么问题？

（3）如何收集和分析数据？

（4）解释和判断数据的标准是什么？

（5）谁来分析数据、做出判断，并应用判断的结果？

传统的教育者对这些问题做出以下回答：评价和内容专家以及由被推选出来的教师组成的专业小组是主要的决策者；主要的焦点问题是学生的学业成绩；客观的标准化测验是收集数据的主导形式；解释和判断数据的主导标准是效度；教师使用数据来识别学生在达到哪些标准或目标上存在困难，哪些学生在达到标准或目标时特别有困难，并根据数据来决定等级。行政官员、政策制定者和一般公众，主要使用数据进行学校之间的比较，并把它们与国家和地区的常模进行比较。而亨德森（Henderson）和霍索恩（Hawthorne）指出，革新的教育者对这些问题的回答采取革新的方法。

对于"谁来做评估决策"，他们认为学生、教师、行政官员、家长和社区人士都是积极的评估参与者。对于"需要回答什么问题"，他们认为评估问题的焦点在于课程计划与课程实践的质量、学生学校生活的质量以及学生学习的质量。对于"如何收集和分析数据"，他们认为评价者使用定性和定量的探究形式来获取有关课程工作和学生学习的数据，考虑学生的个人档案、学生访谈、教师和家长的团体焦点访谈、教师和学生写的日志和日记、第三方观察、学生出勤记录和学生的成绩测验结果等。对于"解释和判断数据的标准"，他们认为包括技术指标，如平衡、清晰性、效率和效果等；教学标准，如发展的恰当性、涉及复杂的创造性思维的程度、解决问题和参与式活动、合作学习的机会等；批判性指标，如所有学生的可达到性、无歧视性等。对于"谁来分析数据、做出判断，并应用判断的结果"，他们认为每一位参与课程设计与规划的人都应该参与分析和判断数据。

正如亨德森和霍索恩所指出的，革新的课程领导应包括革新的课程评价，而革新的课程评价则包括了找出反省思考的时间、确认持续努力的历程。因此，对学校课程领导者而言，欲带领学校教师工作团队发展课程，并使学校转型为具有竞争优势的组织，必须依靠学校本位课程的发展，而从事学校本位课程发展的课程领导者实施的策略之一即包括持续地进行课程与教学的评价、回馈与校正。所以，评价是最重要的课程领导行为之一。

第四章

校长课程领导力提升影响因素与策略

第一节　校长课程领导力提升影响因素

一、分布式领导与校长课程领导力的提升

20世纪80年代以来，社会变化在加剧，学校面临着日益复杂严峻的挑战，传统囿于集权与科层体制的"英雄式领导"已无法积极应对学校变革的需求，正如学者埃尔莫（Elmore）所言，"在这种知识密集型组织中，若不通过广泛的分部领导职责就无法完成类似教与学这些复杂的任务"。因此说，"集权、控制、指挥、个人关注"等正统的领导观念和领导方式逐渐地被"授权、民主、合作、集体参与"等话语和行为所替代，分布式领导继交易式领导、转化式领导之后，成为一种新的备受专家学者青睐的教育领导理论。

分布式领导是在试图突破"正统"领导研究思路和基于领导者角色的研究中出现的一种领导取向。但或许正是因为分布式领导本身的特性使然，以及各个研究者的研究立场、观点和方法的差异性，时至今日，对于分布式领导的认识理解尚未达成共识。尽管学者们的观点见仁见智，但他们都关注领导实践分析的组织层面，而非个人层面，强调领导实践是领导者、追随者和学校情境交互作用的结果。其中，哈里斯和契布曼的观点很具有代表性，他们从权力分配的角度出发，认为所谓分布式领导实质上是组织机构中权力的重新分配，是校长在保留其终极决策权与承担终极责任的前提下，让教职员工享有一定的决策权，承担相应的责任，及强化教职员工优异表现的过程。总体而言，分布式领导最本质的内涵即赋权和团队合作。对于学校领导者而言，分布式领导强调团队合作，进行劳动再分工，吸取集体的智慧。对于教师而言，分布式领导强调对教师的授权和尊重，使教师在课程教学设计和专业发展方面拥有话语权，促使教师自觉地不断发展自己的专业智慧。

分布式领导的基本特征是权力分享与团队合作，鉴于此，我们可以把分布式领导理论引入课程领导的研究之中，以此改善校长的课程领导现状，进而提升校长课程领导力。分布式领导理论的引入并不是想当然的主观意志行为，这是课程领导自身的需求。从最初的课程领导研究到转型的课程领导研究，都存在着一种"英雄领导"的问题，对课程领导的研究往往把注意力集中在校长一个人身上，存在把课程领导的成败完全和校长的作用联系来的倾向。虽然校长是极为重要的课程领导者，但也不能承担课程领导的全部职责，课程领导不能忽视教师及其他学校成员在学校效能与改进方面的重要作用。尤其是在现代学校组织中，随着技术条件和社会环境的变化，组织趋向扁平化，权力更为分散，学校课程决策更大地依赖于学校团队的智慧，课程领导的工作和责任需要更多的角色分担，所以，分布式课程领导有更大的适应性。分布式课程领导不再把课程领导看成是一个居于高位的、孤独个体所行使的职能，而是在一种共同体之下，在合作性工作之中发生的集体行为。它重视各个层面课程领导的作用，强调动员更多有能力者的积极性和参与意识，集合更多人的才能，放大学校成员的整体智慧与能量。因此说，我们可以借助分布式领导理论的基本理念，改变传统自上而下的权力过分集中的关系，逐步从国家向地方放权，从地方向学校放权，从学校向教师放权，以此保障多元声音的表达，营造共享责任的氛围，从而提升校长的课程领导力。至于如何处理权力的分配，可以从两个方面着手：

其一，从外部给学校"松绑"，把广泛的权力下放到学校。与其他一些国家相比，我国的教育权力下放更多地集中在给地方政府、高等院校更大的自主权，普通中小学校的自主权普遍不受重视，并受到诸多方面的限制。作为校长，都有自己的教育追求和办学理想，而要实现理想，达成目标，还必须具备一些条件，其中不可缺少的就是要有一定的权力，诸如用人权、财权、课程权等。尤其是在课程改革不断深入发展的今天，校长要有效达成学校课程领导，必须拥有充分的课程权。因此说，从国家到地方都要给学校（校长）放权。为了使学校课程更有活力，要给校长在人力、财力、物力管理上以更大的自主权；鼓励学校通过正常渠道，加大自筹资金的比重，改善办学条件，为新课程的有效实施创设良好环境；给学校以真正的课程设置自主权，允许校长在完成国家课程标准的前提下，根据学校实际情况调整课程结构，开设学生发展需要的课程；将一些不必要的检查考核取消，放权于校长，让他们安心于学校课程改革与发展工作，充分调动校长课程领导的积极性。

其二，校长给教师们"松绑"，把广泛的权力赋予教师。虽然说从外部下放到学校层面的权力是有限的，然而，新的管理角色在一定程度上又导致学校内部新集权的出现。在许多情况下，教育权力下放到学校导致权力在学校领导高层集中，对于规模比较小的学校，权力主要集中在校长手里，对于规模较大的学校，则集中在以校长为中心的高层领导集体手中。结果是学校领导层与教师之间形成对立，自上而下的管理结构得到强化，控制越来越多，教师处于权力的真空地带。在这种情况下，教师投身于课程的积极性大为缩减，成为制约学校课程改革与发展的重要因素之一。因此说，还要在学校内部给教师们放权。在教材使用方面，根据课程标准的要求，教师在讲课时可以增删课本中的篇目和例子，可以与学生共同开发课程资源。教师在讲课时要引导学生"走进教材"（掌握课本中的基本知识）和"走出教材"（开发课程资源）。课本不再是权威，仅仅是学生学习的一个载体，一个范例。在教学科研方面，倡导教师在教育教学的过程中不断发现新问题，在专家的引领下通过"自我反思"和"同伴互助"，研究和解决新问题，在学习和实践的过程中实现专业化发展，不断提升自己的思想和业务水平等。

二、校长专业化与校长课程领导力的提升

长期以来，由于种种原因，我们对校长角色的定位一直比较模糊。在传统的角色定位中，校长更多地被看成是行政官员，对校长的任命、提升和评价往往与对其他政府官员的做法类似。并且，校长往往就是在政府的指导下开展工作。由于校长经常来自于教师，缺乏进一步的培训来增加作为学校领导者应具备的知识和技能，这就造成校长队伍整体素质不高，专业性不强。不过，在最近几年，随着社会的发展，越来越多的职业进入专业领域，专业化已经成为社会职业发展的重要趋势，专业性也成为衡量职业成熟性的重要指标，校长职业也不例外，校长专业化问题日益引起了人们的关注。尤其是在基础教育课程改革的背景下，中小学校长的专业化和专业发展就越发显得紧迫。

校长专业化是指校长职业的专业品质和专业化程度不断提高的动态过程。

从校长个体的角度看，校长专业化就是指校长专业发展，即校长个体在专业知识、专业技能和专业精神等方面不断发展、日臻完善的过程。校长专业化是一个阶段性的渐进的发展过程，在专业化的发展过程中，校长必须不断地接受教育、吸收新的信息和专业知识，以应对同等复杂的学校管理和教育教学工作。校长必须建立持续发展和自我发展的理念。一方面，上级主管部门要为校长提供充分的教育和训练机会；另一方面，校长自己必须主动地在工作中琢磨业务，总结经验，自觉地终身学习，以不断提高专业知识和专业技能。校长专业化不仅影响着校长自身素养的提高，而且影响着学校变革的发展方向。课程改革是一场具有专业挑战意味的课程再造工程，面对学校改革中的挑战与困难，人们往往寄希望于校长，期望校长通过自身专业发展不断改善课程领导。从这个意义上说，校长专业化对于校长课程领导有着重要的意义。

课程领导是一项专业的工作，这就决定了校长要成为专业的课程领导者，与时俱进地实施专业发展。而这些可以通过校长专业化来实现，在校长专业化的过程中，校长逐步树立起专业权威，并利用专业权威实施课程领导，不断提升自身的课程领导力。不过，人们对于校长专业权威的认识多有差异。

美国学者托马斯·J·萨乔万尼（Thomas J.Sergiovanni）指出，人们所依赖的领导权威不外乎五种：行政权威、心理权威、技术—理性权威、专业权威以及道德权威。按照萨乔万尼的分析，行政权威源自于校长的职位权力和学校的等级制度，行使行政权威的典型方式是对教师的监督与考核；心理权威建基于校长的人际技能和激励技术，行使心理权威的典型方式是了解教师需要并满足这些需要以换取教师良好的工作表现；技术—理性权威的基础是科学知识，行使该权威的典型方式是以科学知识为依据，找出教学工作的最佳路线，并在教师中推广应用。而在专业权威之下，教师依据共同的社会化、专业价值观、认可的实践原则以及内化了的专业精神对环境召唤做出回应；道德权威则是来自学习共同体的共享的价值观、信仰、理念、承诺和理想的力量。萨乔万尼对于领导权威的认识，对于全面地、多层次地理解校长专业权威具有一定的参考价值。我国有学者指出，校长的权威建立在三个层面：一是法定权威，政府赋予校长的法定权威，但在民主社会中，校长的法定权威逐渐走向式微；二是专业权威，校长要领导教师、面对家长，因此，校长需要有新的教育理念和较强的

专业能力，否则，将难以受到尊重；三是参照权威，指的是校长的人格魅力，校长不仅要求教师认真教学，也要关怀教师，以身作则，以人性化的领导感动教师，从而赢得尊重。可以说，校长的权威是权力与威信的统一，每一种领导权威都是必要的、合理的。

而在一项关于校长权威的个案调查显示：A校有58.3%的教师、B校有66.7%的教师认为校长的权威来自他的职位和权力。这个数据表明，这两个学校的校长权威主要是其职位和权力赋予的。如果校长仅凭其职位和权力来发号命令，这样收到的效果并不见得好。因为一旦校长的命令不被教师所认可，就会招致教师的不满和反对。因此，对每一位校长来说，都有一个角色认知、角色转变以及权威重构的过程。在权威重构的过程中，校长不应满足于"行政权威"，还要成为真正的"专业权威"。正如罗杰斯（Diana R.H.Rogers）和泽纳（R.C.Zeanah）等人的先行研究所指出，每一个教育工作的参与者如何在课程改革进程中提升课程领导的意识与能力，本质上是一个如何从"行政权威"走向"专业权威"的课题。

因此说，唯有持续不断地促进校长专业化，才能在学校课程领导的过程中逐步树立起校长的专业权威，才能不断丰富校长课程领导的专业知识，进而提升校长的课程领导力。

三、"自在""自为"与校长课程领导力的提升

"自在"与"自为"是19世纪德国哲学家黑格尔常用的哲学术语，用以表达绝对理念发展的不同阶段。法国哲学家萨特在其主要著作《存在与虚无现象学本体论》中对"自在""自为"也有一番论述，他从意识的"意向性"和"超越性"中引出了两个"存在"的概念，即"自在的存在"和"自为的存在"。所谓"自在的存在"即是指客观的物质世界，它没有任何原因，也没有根据，就在那里存在着，如此而已。在"自在存在"的状态下，存在是它自身，它不含有任何关系，因而是绝对的，这种绝对性决定了它的自在性。而所谓"自为的存在"实际上是指有意识的人的现实的存在。人的存在不仅是自在的，而且是自为的。如果说"自在的存在"是绝对，是充实和完满，那么"自为的存在"则是对"自在的存在"的否定和超越，是一种向着未来开放的存在。

对于校长来说，其课程领导行为应从"自在"状态走向"自为"状态。所谓"自在"状态，是指校长在课程领导过程中仅凭借经验，不依靠理论，在无意识的状态下从事课程领导行为。在校长的日常生活中，校长自身具有很深厚的实践经验，主要是凭着经验而不是理性来维持日常领导生活。校长的理性精神在日常的领导生活中逐渐被经验所消解，理性在经验的绝对统治下失去了其应有的地位。依靠经验维系的课程领导，使校长缺乏理性的精神，同时又形成了简单而重复性的思维方式。校长的思维定格在相同的框架内，对于经验只要接受，然后传递，不需要变更，也不需要创造。于是，校长在接受—传递的简单而重复性的思维方式中，继续着日复一日的、自在的领导生活。这种重复性的思维方式使校长的日常领导工作表现为以重复性思维与重复性实践为主的自在的活动方式。重复性的思维使本应富有创造性的领导生活失去了应有的新鲜与灵动，消磨了校长的生命感受与生命活力。而所谓"自为"状态，是指校长在课程领导过程中能自觉运用课程领导理论，有意识地从事领导活动，更好地发挥领导作用。校长对课程有着独特理解和感悟，能够创造性地理解课程内容，用自己的人生体验对课程知识进行个性化的理解和运用；能够在自己课程领导经验的基础上，通过借鉴他人的经验和理论成果，创造出属于自己的课程领导理论和方法，形成独特的领导风格。校长不只是凭借经验和重复性思维来展开日常领导活动，而是在经验的基础上进行创造性的领导。创造性的思维打破经验主义的机械的、僵化的领导生活模式，在看似平凡但却充满神奇而丰富多彩的领导情景中，创造创新的条件，把握创新的时机，在流动的、不断生成的课程领导活动中展示自己的才华，体现自己的人生价值。

传统的自在自发的校长领导方式已经无法适应课程改革新形势的要求，变革在所难免。校长需要通过持续不断地学习与反思从自在状态转化成自为状态。一方面，校长应唤醒自在状态下沉睡已久的理性，不断地追问自己是否只是凭借经验维持自己的领导生活，唤醒被机械重复的领导活动所消磨了的激情，怀着一颗跳动的心去感受知识世界的博大与深刻。通过反思，更新思想观念，使自己在课程改革中从被动的执行者变成主动的参与者和创造者。另一方面，校长应在日常领导生活中恰当地、有限度地运用所学理念和知识体系，超越传统的经验主义，以理性精神关照自己的领导行为，自觉地求助于创造性思

维，在创造性实践中研究课程领导理论，并同课程领导理论建立自觉的关联，使其成为校长个人的实践性知识。这样，校长的课程领导行为不断得以改善，逐渐由自在状态走向自为状态，其课程领导力也会不断提升。

四、开放式文化与校长课程领导力的提升

课程改革是一项极其复杂的系统工程，仅靠学校自身是很难完成的，它离不开教育行政部门的政策支持，离不开社会各界的资源支持，离不开学生家长的密切配合。正如一位学者所指出的，"学校不是一个孤岛，……学校需要外部支持。改革是一个复杂的、动态的、消耗资源的过程。没有一个组织，不管是一所学校还是一个国有企业，可能拥有取得改革成功所需要的所有专家和资源"。学校是社会大系统中的一个子系统，它与外界存在着千丝万缕的联系，外界的各种因素都会对学校产生程度不一的影响。因此，学校不能将自身封闭起来，而应该以敞开的心胸与外界建立密切的联系，从多种渠道获取对学校发展的有力支持，充分利用一切积极因素促进学校的发展，形成开放的学校文化。

学校文化作为在学校发展中逐渐形成的、师生共享的基本假设和信念以及稳定的生存方式，表现为学校组织成员共同遵守的价值体系和行为模式。由于学校这一特定组织拥有独特的社会结构、人文环境，这样就构成了独有的学校文化。学校文化具有社会控制和社会化的功能，强烈地影响着教师和学生的行动。关于学校文化的研究表明，学校文化渗透在学校的各个维度，在不同的层面上发挥着不同的作用。开放的、合作的学校文化对学校的许多方面有着积极的影响，有助于改进学校内部及其与外部的交流和相互协作，是学校改革成功与否的关键因素。可以说，学校文化对学校课程改革的影响是无处不在的。

因此说，校长进行课程领导必须充分认识到开放式文化的重要性，切不可忽视学校文化的存在。课程领导并不是校长一个人的事情，而是所有学校课程相关人员的事情，因为任何一位学校课程相关人员的行为都会对课程领导的效果产生难以预计的影响。课程的实施过程其实就是人的积极性被不断唤醒和激发的过程，是推进课程建设的民主化的过程。校长要通过对全体成员的需求的了解、满足和提升，营造互相尊重、和谐、愉快、合作、向上、进取的文化氛围，使成员的主动性、积极性及想象力、创造力得到充分发挥，使教师和学生

成为课程的主人，从课程的忠实执行者转变为课程的参与者和创造者。每一位学校课程相关人员对学校课程领导效果产生影响是必然的，这就要求校长在课程领导的过程中，要充分认识到每一位成员的重要性，并有效发挥每一位成员的作用。

校长课程领导所需要的恰恰是一种开放性文化，校长应该放弃原有的封闭性格，以开放的心态接纳所有关心学校课程的相关人员，将学校的各个方面向社会敞开，积极地与其他人员进行交流，主动邀请家长、社区人士参与到学校课程领导中来。校长要认识到学校的教师、学生、家长、社区人员都是很好的合作伙伴，与这些人员的平等合作，能够使校长不断获取新的思想和观念，不断完善自身的发展。从这个意义上说，当学校文化和校长文化从封闭走向开放的时候，校长的课程领导力即会不断得以提升，其课程领导也能水到渠成。

第二节 （文化绿城小学）校长课程领导力提升具体策略

一、时代背景分析

《国家中长期教育改革和发展规划纲要（2010—2020年）》为未来十年勾画了教育改革与发展的宏伟蓝图，课程改革与发展已成为推动学校持续发展的重要原动力，而校长对课程改革的领导力将直接影响学校课程建设、学生全面发展和学校发展的速度和水准。所以，在校长的诸多职责和能力要求中，课程领导力应成为校长专业领导力的核心和载体，是新一轮课程改革赋予的新使命。校长的课程领导力，集中体现为课程意识、课程规划、课程实施及课程评价四个方面。

本书中，研究者从学校实践的视角，经过八年的实践研究，文化绿城小学形成了校长课程领导力提升的"4+X"策略——课程意识方面，校长要树立"课程是学校教育的心脏和载体"的理念，通过课程建设来实现育人目标和教育愿景；课程规划方面，通过"国家课程校本化""校本课程体系化"探索建构具有学校特色、基于学生发展的课程结构；课程实施方面，注重培养优秀的教师队伍，实施"常青藤工程"，搭建教师成长的平台，提升教师的专业化水平，从而确保课程建设的质量；课程评价方面，建立了"1+X"发展性课程评价体系，以评价促进学生快乐成长和教师专业发展。

二、研究过程

1. 准备阶段：（2008年8月—2010年6月）

（1）收集国内外同类课题研究的文献资料，归类整理。

（2）对研究内容进行讨论、验证，制定研究计划和实施方案。

2. 实施阶段：（2010年9月—2013年6月）

（1）利用教研、沙龙、专家访谈等多种形式，打造学校文化和课程规划。

（2）组织外出培训，拓宽教师的专业视野。

（3）成立课程中心，对学校校本课程进行设计、规划、梳理。

（4）在部分年级中实施校本课程。

（5）邀请专家对研究问题问诊把脉，进行指导提升。

3. 再实施阶段：（2013年8月—2016年9月）

（1）深入进行国家课程校本化。

（2）在1~6年级中全面实施校本课程。

（3）对实施操作过程中积累的原始资料进行汇总、分类，做好资料的补充、完善工作，完成研究报告，提炼研究成果。

三、研究方法

本研究以行动研究法为主，辅之以文献研究法、个案研究法、经验总结法。

1. 行动研究法

结合相关教育教学理论，通过"个人实践——个人反思——集体研讨——集体反思——再实践——再反思——再研讨"的反复循环、螺旋上升的研究过程。

2. 文献研究方法

研究国内外新的教育理论和教改发展动态，特别是课程开发、社团建设以及课程资源的有关理论。

3. 个案研究法与经验总结法

进行个案研究或微格研讨，用案例阐述研究思考成果。

四、研究内容

1. 一个转变——由行政权威走向课程权威

在课程改革深入推进的今天，课程不再是停留在文件层面的名称或者概念，而逐渐成为真正在学校里发挥改革作用和影响力的重要载体。作为学校领导的校长已经不再是上级课程改革命令的被动执行者，而是成为课程变革的积极引导者和主动创造者。课程改革使校长的领导方式转型，校长的课程领导力也在这个过程中显现。这意味着校长由行政领导走向课程专业领导的角色的变化。校长不仅要从行政的角度去负责课程及其标准在学校的实施，更需要从专业的视角发挥领导课程教学的作用。

要提升课程领导力，校长思想上要有一个具体转变：变"自上而下的接受上级行政部门的指令开展设计与运作"为"根据学校发展愿景，规划课程方案，带领师生共同实现"；变"由学校的上级部门和外部力量驱动课程实施"为"为了实现学校的育人目标而创设适合不同学生成长和发展的多样化课程资源"。这是校长课程领导力实施的关键，自身角色定位准确，思想转变，才能不等不靠，成为一名有实力、有担当的好舵手，驾驶着课程这艘大船，披风斩浪，勇往直前。

2. 两个目标——办学目标+育人目标统领课程建设

校长要正确理解课程建设的意义，要把培养人、发展人、塑造人作为课程建设的主要价值来审视，必须准确把握办学目标和育人目标，善于用正确的世界观、教育观和人才观来统领课程建设。

校长课程领导力的提升可以形容为"披荆斩棘""熠熠生辉"的过程。研究者走上校长工作岗位以后，为广大师生潜心编织美丽的教育梦想，倾力打造学校文化。从酝酿到调研，从内部研讨到专家指导，其中有波折，有思考，有迷茫，有改进，行政会议、教师调研、学生访谈，大大小小的会议举行了五十余次，有分工合作、有甄选打磨、有争吵辩论，周周讨论，层层推进，甚至达到夜不能寐的状态。雕琢近一年的时间，文化绿城小学"雅美"教育破土而出！

结合学校的校情和学情，文化绿城小学确定了"立雅求美，绽放幸福"的办学目标，力求"行于美，达于雅"，让每一个文绿学子拥有幸福人生；明确了"文质彬彬，绿意盎然"的育人目标；同时，学校以"立德、立志、立身、立行"为校训，在长期的教育教学实践中，形成了"求真尚善、典雅向美"的校风，"温文尔雅、简美艺精"的教风，"合学共进、美人美己"的学风。学校以开放性、民主性的品质，终身发展的意识，为其终身学习打下良好的道德基础和成功机会。

学校文化的重新审视与打磨，为课程建设打下了夯实的基础，只有把文化扎根在课程与教学上，其才算是真正落地。在金水区"多元、开放、富有活力"的课程体系建设背景下，基于学校"立雅求美，绽放幸福"的教育理念，学校"雅塑行、美怡情"的"雅美"的课程体系应运而生！

3. 三级课程体系——由课程文化到课程计划

好的课程设计和架构，是学校迅速发展和崛起的关键，既要保证国家课程和地方课程在学校里得到全面有力的实施，同时还要确保校本课程的积极有效落实，以形成学校三级课程科学合理的网络结构。文化绿城小学结合学校核心教育理念和国家课程、综合实践课程及校本课程，将"雅美"课程体系分"核心课程"和"发展课程"两大类，其中"核心课程"是国家课程，"发展课程"是校本课程。

文化绿城小学构建学校的课程规划、行动和认识经历了以下三个阶段：

第一，分析学校传统、特色和发展潜能，厘清育人目标，彰显学校特色；

第二，把学校开发的现有的各种活动、各种校本课程纳入学校课程计划中；

第三，对学校课程设置、课程内容、实施方法、管理策略和评价手段等可操作措施进行整体规划，尤其对国家课程校本化实施和教师校本课程的开发进行集中攻坚，研制出富有学校特色的课程计划。

（1）国家课程校本化。

在国家课程实施中，学校没有做"忠实的执行者"，而是抓住新课程赋予学校的课程权利，创造性地开展了国家课程校本化研究。

①成立一个团队。校长和班子成员以招募志愿者的方式成立了专题研究小组。

②形成一种共识。在"不增加知识点，不增加学生负担"的前提下，以"母本教材为主线，其他教材为辅助"，基于课标统整教材，使得教学内容更适合学生。

③提供全力支持。学校为研究小组提供充分的学习资料并邀请专家培训，组织教师外出学习。

④形成特色成果。各研发小组利用暑假，潜心研究，形成了语文学科的"美文凝萃"、数学学科的"破冰课程"、英语学科的"童话英语"等国家课程校本化开发的重要成果，形成了具有校本特色的课程链条。

（2）校本课程体系化。

依据学校"文质彬彬，绿意盎然"的育人目标，学校设定了"雅行、怡情、博雅、向美"的校本课程总体目标。"雅行"指的是使学生掌握一定的生活技能和体艺技能，拥有健康的体魄；"怡情"是让学生获得一定的艺术熏陶，形成对文学真、善、美的感知力和鉴赏力，提高学生的审美情趣和审美能力；"博雅"是帮助学生了解科学研究的一般程序与方法，养成科学做事的态度和习惯，具有较强的获取、处理信息的能力，能通过书面或口头完整地表达自己的看法，提高实践操作能力，发展创新思维；"向美"是促进学生增强对自然、社会的整体认识，学会判断身边的事物，学会交往，能控制自己的情感；具有积极、独立、向上的生活态度。

校长鼓励教师成为课程建设的开发者、参与者和研究者，但课程是建立在学生的"真实兴趣关注"的基础上的，校本课程的规划与设立，需要来自学生的声音。在进行学校课程开发之前，为了解学生的需求及课程取向，学校针对450名学生发放了问卷，对已有课程的喜爱程度和建议增设的课程进行了调查。在了解学生的整体需求后，确定课程的开设及内容，这就尊重了学生的个性，满足了学生的需求，体现了我们进行课程建设的主旨。最终，我校公共选修课程和自主选修课程包容并举，和谐共存，着力打造雅文雅韵、雅行雅规、雅情雅趣、雅馨雅致、雅滋雅味、雅静雅乐六大类课程。

在校本课程开发中，校长不仅是顶层设计师，还是参与者、体验者。文化绿城小学领导班子根据学校愿景、学生发展需求，共同参与开发了《我做轮职校长》这门课程，校长亲自参与授课，让同学们通过校长岗位的体验、从管理者的角度深入了解学校，还可以在每天的巡视检查中提高管理能力和人际沟通技巧，学会换位思考，更加理解学校管理者的良苦用心和智慧，更加热爱学校和老师，同时培养同学们的领导能力和领袖气质。2015年本课程获得了金水区校本课程建设一等奖。

4. 四项实施措施——由校长个力走向教师合力

一所学校一定要有一种凝聚力，一旦失去教师的齐心协力，失去教师的信赖和支持，校长想要有所作为很难。所以，校长应举着大旗走在前面，不要让教育梦成为校长一个人的梦，而要成为每一位教师心中的梦，有一支积极进取、业务精湛、品德高尚的优秀教师队伍，在学校形成一种积极进取、不断创新、共谋发展、互比贡献的良好氛围，才能使课堂改革稳步推进，并结出累累硕果。

(1) 教师梯度成长。

教师培养亦如学生成长，需要一个循序渐进的过程，文化绿城小学提出了"名师引领、骨干示范、新秀带动"的教师梯队发展口号，着力铸造专家型名师、学者型骨干、专业型新秀，以建构教师梯队，实现教师结构、学科结构以及教学资源的最优化。2015年5月，文化绿城小学首次评选出了首届16名名师、24名骨干教师、11名新秀教师，体现出了教师的成长与进步。

文化绿城小学制定了《文化绿城小学–教师专业发展标准》以下简称《标准》，明晰了不同层次教师专业发展的努力方向。《标准》将教师分为了三个梯度：上班1~5年，上班5~15年，上班15年以上三个梯度，并对三个梯度的教师发展方向进行了不同定位。上班1~5年的教师，刚参加工作不久，热情高，定位于成为合格+自信的教师；上班5~15年的教师经验丰富，业务纯熟，定位于成为研究+特长的教师；上班15年以上的教师沉淀深厚，帮助这类教师总结经验，把经验共享，定位于导师+引领的教师。一梯度教师重"学习、感悟"，二梯度教师重"创新、实践"，三梯度教师重"帮带、分享"。《标准》中对教师的专业要求从专业精神、专业知识、专业能力、专业共享四个方面，确立了教师在每个层面通过努力可能达到的高度和努力的方向。《教师专业发展标准》针对大众教师，体现"人文、成长"，具体的内容让教师能够清楚地比对到自己需要努力的方向。

(2) 师徒结对互助。

青年教师的成长与进步需要细致的、手把手地传授，学校每年都举行"常青藤师徒结对"活动，为各位年轻教师选配经验丰富、年富力强的教育教学骨干做师傅，做到工作5年以下的青年教师"人人有师傅"，工作15年以上的教师"人人是师傅"。师徒结对是一种传承，师傅把丰富的教学经验，朴实严谨的教风，爱岗敬业的精神言传身教地传递给徒弟，同时师傅可以从徒弟身上看到更多对教育教学的热忱和激情。这就是"师带徒，徒促师"。每一位徒弟要做到"四主动""两过关"，"四主动"即每周主动请师傅听一节课，每周主动听师傅一节课，每学期主动撰写一篇论文，每学期主动参与一项教科研课题；"两过关"即每月上一节过关课，写一篇基于标准的教学设计。

（3）成立三个工作坊——"育竹轩""若竹轩""翠竹轩"。

青年教师成为学校发展的主力军，为促使青年教师快速成长，向更精、更高的目标奋进，文化绿城小学语文、数学、英语三个学科分别成立了"育竹轩""若竹轩""翠竹轩"青年教师工作坊，分别由教导处的三位主任担任负责人。工作坊的成员由青年教师和特聘指导教师组成，每周依据教研主题开展教育教学研讨活动。成员每人每周一节展示课，每周四上午一、二节为青年教师作课时间，第三节课全体成员在工作坊集体议课、教研。

（4）夯实四个校本研修体——培训自选体、教研自修体、约课自强体、交流自媒体。

校本研修是最有实效的教师专业提升方式，可以使教师们领悟教育思想，解决在教学中遇到的问题或困惑。文化绿城小学的校本研修以教师自身发展为中心，以教师自身成长需求为目的，以教师自我选择为方式，做到按需研修。

① 培训自选体。

学校依据教师自身所需提升的专业知识或专业能力，将教师培训课程分为课堂教学、校本课程开发、班级管理、教育实践等类别，以观课议课、专家讲座、交流座谈、专题研讨等形式使培训课程深入落实。每学期初，学校将学期外出学习计划列出，教师根据自身需求选择学习的方向。急需课堂教学引领的教师们走进了"千课万人"的精彩课堂；需要汲取校本课程开发经验的教师们走进了北京玉泉小学，进行校本课程系列研习；需要提升班级管理能力的教师走进了"班主任工作经典培训"；喜欢阅读教学的教师踏上了被称为阅读快车道的"海量阅读"学习之路。自2014年以来，学校就有约400人次外出进修，教师收获满满。

② 教研自修体。

每月第一次的教研时间为沙龙教研，教师以学科为单位进行集体教研，实行话题征集制和教研认领制。即学期初学校面向全体教师征集"话题"，由教师确定最能反映共性问题、最有研究价值的问题作为学期沙龙研讨主题。主题确定后，学校进行公布，再由教师主动认领主题，组织实施教研。在讨论中，大家畅所欲言，从伙伴那里获得了信息，借鉴、吸收了经验，每个教师都能获得单独学习所得不到的知识。

③ 约课自强体。

针对青年教师多，课堂教学能力急需提升的问题，学校将每个年级组工作三年以下的教师集合起来，成立了约课自强体。即邀请学校领导班子全体成员集中一定的时间深入一个年级的一个学科，跟踪听课，做到深入"听"——了解教学，当面指导；深入"评"——课后集中，即时教研。

本学期开学，学校领导受二年级"约课自强体"的邀请，用三个星期跟踪听了二年级语文组6位青年教师的课。每天下午第三节课都会有一位领导参与她们的集体备课，和她们一起定目标，定重、难点，设计教学流程。上完课后，所有听课的教师即时教研，找问题、理思路、想办法。每天面对不同的领导进教室听课，连续三周，这样的"狂轰滥炸"，使得这些教师应接不暇，用教龄仅一年的张跃军老师的话来说就是："精神高度紧张！"

50余节随堂课，即时教研十余次，跟踪听课使张跃军、时梦颖等青年教师的课堂教学有了长足的进步。到最后张跃军老师自信地说："主任，来听我的课吧，我肯定能听到您的表扬。"

④ 交流自媒体。

校本研修的扎实开展，对教师的专业成长有很大促进作用，教师驾驭课堂能力强了，论文以及精品教案撰写的质量高了，形成了许多有形的成果。每学期末，学校会组织展示交流活动。各教研组依据主题自定内容、自定形式。有的是组长个人的汇报，有的是两人汇报，还有的是组内教师的组团汇报，多样的形式，精美的课件，再加上教学设计集锦、教学教研案例、教育故事、教育教学随笔等，凝聚了一组人一学期的收获。

5. X–多样化评价彰显课程领导力

文化绿城小学根据小学生的特性和年龄特点，构建多元化、开放型、重参与、重过程的发展性评价机制，强调评价主体与标准的多元化、评价内容的综合性和全面性以及评价方法、手段的多样性，形成了文绿"1+X"评价模式。

"1"为坚持一个主导思想，学校进行学生综合素质评价的整体规划，出台《文化绿城小学学生综合素质评价管理办法》，进行全校性的统一规划，结束各学科、各年级各自为战的局面，在对学生实施综合素质评价时，力求内容全面、客观，程序科学、规范，关注学生全面协调发展，关注学生的特长和潜

能。"X"为多学科、多角度、多方位的多元评价机制。

1X：多学科参与评价

坚持全面的评价原则，学校开设的所有课程，包括校本课程，都在全学期内纳入评价范围之内。力求从不同的领域和学科发现学生成长中的兴趣爱好、特长，帮助学生寻找能力生成点，为学生的终生发展打下良好基础。

2X：多角度评价

要特别关注学生参与活动的过程和实践体验，重视对过程的评价和在过程中进行评价。评价内容不再局限于课本知识，评价的因素不仅包括发言、汇报，也包括上课时学生的纪律表现，关注学生的学习状态，包括学生一学期的考勤、课堂听讲情况、课堂发言、作业（家庭和课堂），甚至连学习用具的准备也纳入评价范围，对学生进行全方位的考察和评价，打破了一张试卷定结果的评价状态。避免出现学生不愿倾听、只想展示、注意力不集中等现象。

3X：多方位评价

学校重视学生各种学习的基础知识和基本技能，强化能力培养，注重过程激励，突出以学科核心素养为重点的全面评价，注重学生个性特征及非智力因素的全方位评价，评价内容为：基础性评价、学业评价、特色评价、期末评价、成长记录、成果展示。

4X：多方参与评价

评价不能由教师一手包揽，而应由教师、学生、家长和社区有关人员构成综合主体，我们努力形成学校、家庭、社会共同参与评价的良好环境，除了教师和学生的评价参与之外，我们还广泛邀请家长、社会人士参与到我们的评价中来。

5X：积分累计评价

对于学生的日常评价，我们采用积分累计制。我们的评价积分累计是日评、周评、月评相结合的，以每一个学习小组为基本单位，每一天小组学习都会以积分制度记录，一周一结算，一月一评比，每周小组合作成绩前三名的都会获得相应的奖励（一张奖状、一个升级印章等）。

6X：多元次方评价

评价不宜一次盖棺定论，可以是多元次方的评价，一次评价结果不理想，学生可以要求实施二次评价,甚至三次评价和更多次评价,对于学困生们,多元次方的评价消除了他们的紧张心理,多次机会的给予,使他们能够基本完成学期学习任务。最终实现不同层次的学生都能得到极大的心理满足,树立了学习的信心。

五、效果与反思

在课程实施过程中,良好的习惯在校园养成,美好的品质在校园塑造,校内轻声细语,书香四溢,乐声悠扬,达成学校特色发展、教师专业发展、学生个性发展的和谐统一,学校、教师、学生各个层面成果丰硕!

1. 为学校特色发展推波助澜

2014年,文化绿城小学被评为郑州市校本课程建设先进单位,2015年被评为金水区教育艺术节艺术普及先进单位、第十八届郑州市金水区青少年科技创新大赛优秀组织单位,校园文化艺术工作先进单位,河南省综合实践活动课程建设样本学校,2016年又被推荐为郑州市青少年科技创新大赛优秀组织单位。2016年8月郑州教育电视台《走进教科研》节目,对文化绿城小学的课程文化做了30分钟的专题报道,使之获得广泛赞誉。

2. 为教师专业提升架设桥梁

2014年,武淑娟老师开发的《玩转拼贴画》获得郑州市优秀校本课程一等奖;张悦撰写的《让国家课程散发校本魅力》被评为2014年郑州市优秀成果;在2014年、2015年金水区品牌校本课程设计大赛中,刘鑫老师的《竹节竹韵》课程、朱敏老师的《美丽的沥粉画》、宋二敏老师的《小门票看世界》获得一等奖;谨晖老师的《方寸间——篆刻》、曹艳慧老师的《纸飘满园》、陈利璞老师的《中西方文明礼仪》、赵丹老师的《豆物乐园》、张莹老师的《原滋原味——英美电影欣赏》获得二等奖。

3. 为学生快乐成长编织摇篮

学生的能力得到了空前的释放和提升。在金水区艺术节十二个项目的艺术比赛中,文化绿城小学囊括了十一个项目的一等奖和一个项目的二等奖,同时获得总分第二名的好成绩;校"云之雀"合唱团在2014年7月奥地利维也纳举行的世界和平合唱节合唱比赛中荣获铜奖;随后受邀参加2016年俄罗斯索契国际合唱节并获得银奖。

在创客教育方面学校也屡获殊荣,在2016年省市级机器人大赛中,连续获得河南省机器人大赛一等奖和郑州市机器人大赛一等奖。2014年7月全国青奥会纸飞机通讯赛中,学校8名队员全部获奖,一等奖3人,二等奖4人,三等奖1人。其中高玉旋获冲浪纸飞机金奖。2015年10月,御风杯河南省中小学科技模型竞赛中,学校分获男团女团第一,在四个项目的比赛中,囊括前4名。在青少年科技创新大赛中,2015年袁娇老师辅导的科幻画获得河南省一等奖,贾彦舒、朱冬菊等老师辅导的科幻画获得市级一等奖三个,二等奖两个,金水区一等奖五个。

校长课程领导力的提升,是一个诊断、行动、不断改进的过程,让自己的思考成果回归到自己的教育实践中,使之产生提高教育实效的结果,学思并重、行思并进、知行合一,路径缤纷,汗水之下,必定花儿朵朵,用课程办好每一所学校,是肩膀上的责任。

第五章

校长引领校本课程研究与开发

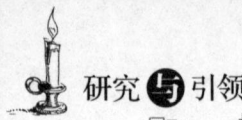

第一节　校长引领校本课程建设符合国家政策和学校发展趋势

一、校本课程是三级课程的重要组成部分

社会在不断发展，未来新的职业将会不断出现，新的知识也在不断地增加。为了让课程适应社会发展需要，课程多样化已经是当今世界教育发展的基本趋势。21世纪以来，许多国家都把课程多样化作为适应现代社会的重要教育政策。任何一所学校，都必须重视课程建设。在过去，基本上都是以国家课程为根本，地方课程和校本课程得到的重视程度远远不够。作为校长，笔者认为应该在重视国家课程的前提下，根据学校教育本身发展的现实需求，构建符合本地区和本校实际情况和发展需求的校本课程。

各国课程多样化的政策均被具体为课程管理方式的多样化。在课程改革方面，出现了行政主体多元化、课程设置现代化等一系列趋势。与此同时，课程的外在形式——教材也逐渐多样化。在这样的世界教育发展背景下，我国参照国外先进经验，结合现阶段本国教育国情，决定实行由国家、地方、学校共同参与课程管理的课程政策。

《国务院关于基础教育改革与发展的决定》和《基础教育课程改革纲要》都明确提出，为保障和促进课程对不同地区、学校和学生的要求，要实行国家、地方和学校三级课程管理，并进一步指出：国家制定中小学课程发展的总体规划，确定国家课程的门类和课时，制定国家课程标准，宏观指导中小学的课程实施。在保证实施国家课程的基础上，鼓励地方开发适应本地区的地方课程，学校可开发或选用适合本校特点的课程。那么，什么是国家课程、地方课程和校本课程？它们各自的目的是什么？三者之间的关系是什么？

所谓国家课程，是指国家制定课程发展总体规划，确定国家课程门类和课时，制定国家课程标准，宏观指导课程实施，是一个国家基础教育课程的主体部分。目前在小学共有12门国家课程。国家课程有以下目的：确保学生学习的权利，明确学生在接受学校教育时应达到的标准，提高学生接受学校教育的连续性和连贯性，为公众了解学校教育提供依据。

地方课程，是指省级教育行政部门根据国家对课程的总体设置，规划符合不同地区实际需要的课程实施方案，包括地方课程的开发与选用等。开设地方课程有以下目的：促进国家课程的有效实施，弥补国家课程的空缺，加强教育和地方的联系，调动地方参与课程改革与课程实施的积极性。

校本课程是学校根据国家课程计划、课程标准，结合本校的实际情况，为实现学校的培养目标而进行的课程设计、实施与评价。学校在执行国家和地方课程的同时，开发或选用适合本校特点的课程。我校当下共开设了数十门校本课程，校本课程有以下目的：确保国家课程的有效实施，照顾学生的个别差异，促进教师专业能力的持续发展。

虽然国家课程、地方课程、校本课程的开发主体各不相同，但国家基础教育课程体系的建设实际上是国家、地方和学校三级主体共同完成的。国家课程的主导价值在于通过课程体现国家的教育意志，地方课程的主导价值在于通过课程满足地方社会发展的现实需要，校本课程的主导价值在于通过课程展示学校的办学宗旨和特色。

它们三者的关系则是以国家课程为主，地方课程和校本课程为辅。这样既能保证国家统一的基本要求，又能适应不同地区、不同学校的不同办学条件和不同办学模式的需要。

国家目前的这种三级课程管理模式，很大限度上改变了以往国家课程处在刚性和督导地位的情况，使地方课程和校本课程实质性开发在法令上得到了确立和承认。这为校长根据学校自身情况全面引导校本课程研究与开发提供了制度保证。

二、校本课程推动课程多样化发展

推行素质教育是当前我国基础教育改革的发展方向，是历史赋予基础教育的神圣使命。自20世纪80年代末、90年代初素质教育理念被提出后，就赢得了人们越来越多的关注与认可。但在随后十多年的时间里，全国开展素质教育的工作却充满曲折，难见成效。推行素质教育工作所面临的这种困境，归根结底是由于教育改革受到了旧有课程框架体系的束缚，难以取得实质性突破。因而进行课程改革就成了推行素质教育的必然选择。2001年，国务院发布了《关于基础教育改革与发展的决定》，明确做出了加快构建符合素质教育要求的新的基础教育课程体系的规定，标志着我国课程改革计划正式启动。

课程是指学校学生所应学习的学科总和及其进程与安排，是学校为实现培养目标而选择的教育内容及其进程的总和，它包括学校教师所教授的各门学科和有目的、有计划的教育活动。课程是教育思想与理念的最集中体现，是实施培养目标的蓝图，是进行教学工作的主要依据。正因为课程在学校教育体系当中居于核心地位，具有牵一发而动全身的作用，所以，课程改革工作做得好不好，关乎素质教育理念能否真正得到很好的落实。

课程改革具体该怎么改，是摆在当代基础教育工作者面前的头号课题。人们在总结过去推行素质教育所积累的经验教训的基础上，发现过去的课程内容，由于完全由国家统一颁布，在课程管理方面存在着过于集中的弊端。长期以来，我国一直采用国家统一的课程设置，全国中小学基本上沿用一个教学计划、一套教学大纲和一套教材，缺乏灵活性和多样性。而课程对象的多样性、复杂性，恰恰决定了课程必须是多样性的，因为即使对同一课程，人们也往往会产生不同的认识，形成不同的课程流派，产生不同的课程表现形式。课程管理的过于集中，导致课程内容单一，缺乏对地区、学校、学生个人的适应性，最终导致学校办学模式千篇一律，教师教学方法按部就班、缺乏创新，学生的创造力被扼杀、个性得不到充分发展，因而是推行素质教育道路上的一只"拦路虎"。

于是在国家大力推动课程改革的浪潮下，"课程多样化"这个概念便被引进来。

课程多样化的提法最早出现于20世纪二三十年代的西方。瑞典学者托斯顿·胡森与德国学者纳维尔·波斯特尔斯威特认为，课程多样化"即学校教学内容增加实用的或职业的知识，或是在以往几乎是纯学术性的学校教育的某些阶段引入职业教育，尤其指发展中国家中等教育阶段学校的课程设置"。从他们的话中我们可以看出，课程多样化的基本含义是指普通学校在传统的学术性

（因而也是单一性的）课程中增加一些与生产劳动有关的实用科目，使学生学习这些课程后有可能获得基本知识、技能和意向，成为掌握一定技术的劳动者，进入以体力劳动为主的职业。它实质上反映了当代西方普通学校教育试图更好地为社会经济发展服务的职业教育主义倾向。我国的素质教育工作者，在结合当代中国基础教育实际情况的基础上，又赋予了课程多样化更多的内涵，即根据我国地区间的差异和学校的性质以及教师和学生的特点，在基础教育阶段围绕教育目的形成课程的多种目标、多种要求、多种内容、多种组织方式和评价方式的过程就是我国基础教育课程的多样化。

课程多样化的核心是"对多样性和个人差异性的尊重"。它是一种致力于在多样化课程中实现以人的全面发展为目标的课程机制。课程多样化不仅强调课程在知识上的多样化，开设多样的课程，而且在于培养多样化的人才，促进人的多样化发展；课程多样化既是指整体课程由多样性的内容和目标、方式等组成，也包括课程内部结构和教材等的多样化，因为这有利于提高学生的学习兴趣与学习效果。

课程多样化的目的是提高课程的适应性，即根据地区、学校和学生的特点，增强教育目标、内容、方式的适应性。它的课程目标是可以实现的，内容是适合地方和学生的特点和需要的，对学生的生存是具有现实意义的；方式是根据当地的教育、学校和教师的条件和水平而定的，是切实可行的；评价是有效的，是能起到检查和促进作用的。从本质上讲，课程多样化反对单一化、划一性、排他性，融合了各种理论流派之长处，具有宽容性、过程性；从内容上讲，包含了现代与传统、人文与科学、普通教育与职业教育的内容；从主体上讲，包含了学校领导、行政部门、课程专家、学科专家、教师、学生、家长、社会人士在内，共同对课程做出贡献；从类型上讲，包含了学科课程与活动课程、分科课程与综合课程、国家课程、地方课程与校本课程、正式课程与非正规课程、显性课程与潜在课程等多种课程形态；从方式上讲，既包含了讲授等传统方法，也包含了研究性学习、合作学习等新方法；从层次上讲，体现了发达地区与落后地区、城市与农村、小学、初中与高中等的不同要求，包含宏观、中观、微观等不同层次。

从最基本的意义上说，课程的多样化反映了一种新的普通教育的概念，反对应试教育制度下人们对教育的狭隘认识,即教育的目的不仅是让学生升入大学,而应该高度重视学生综合素质的培养与身心健康的全面发展。

三、校本课程体现素质教育的基本理念

课程多样化是现代教育发展的大趋势,是实施任何一种素质教育的必经步骤。

素质教育背景下,孩子们的期盼、家长的愿望、素质教育的需求,使我们有责任为每个孩子的成才铺平道路。社会对人才的需求是全方位、多角度、多层次、多规格的,因此,要重视孩子多种能力的培养与发展。我们不仅要重视学生的学业成绩,也要重视他们个人气质和品性的发展。我们的教育应该善于发现每一名学生的"聪明范畴",把他们的潜力充分挖掘出来,引导他们走上最适合自己的发展道路,使之成长为社会需要的各种有用之才。同时,我们应该看到,在成长道路上,每名学生身上存在的问题和不足不尽相同。我们的教育还应该针对每名学生的具体情况,对症下药,帮助他们弥补自己的缺点,使之在个性充分发展的同时,接受良好的行为规范教育,成长为合格的"社会人"。

素质教育在尊重学生个体差异的基础上,主张因材施教,根据学生的自身性格行为、兴趣特长以及优缺点,照顾不同学生的发展需求,实施差异教学。课程内容丰富,有文艺、有体育、有科技等,基本上能够满足学生的学习需求。

想要对形形色色的学生进行教学,课程内容与组织形式就不能过于单一。新课改大力倡导的课程多样化,就恰好切合了素质教育关于对学生实施差别教育的教育思路。多样化的课程,可以为学校实施差异教学提供教学工作上的蓝图、教学内容上的依据、教学组织上的方法。课程多样化被迅速融入素质教育的具体办学思路当中,内化为素质教育理念的重要组成部分。

素质教育立足学校实际、整合课程资源,大力构建校本课程。一段时期的教学实践证明,校本课程的实施收到了不错的效果,在现有条件下最大限度地满足了对学生实施素质教育的需求,因而是素质教育理念的体现。

第二节　校长引领校本课程研究与开发的价值和意义

课程体系的构建，实际上也是校本课程的开发与实施。对文化绿城小学来说，校本课程开发有着丰富的意义，内容丰富、形式多样的校本课程的开发与实施，既能促进学生个性发展，又能促进教师专业发展；既有助于学校特色文化与教育品牌形成，又能推动教育的发展。当然，这其中最重要的就是促进学生的个性发展，这也是素质教育最根本的价值目标所在。校本课程必须评估学校、教师和学生的实际需求，并且最后把一部分课程的选择权交给学生，这一程序真正确定了学生的主体地位，体现了学生在受教育中的自主性与自由性。

一、校本课程能够促进学生个性发展

教育作为培养人的活动就是要使每个人的个性得到充分而自由健康的发展，从而使每个人都具有高度的自主性、独立性和创造性。校本课程关注每一名学生的不同需求，给学生一个自由发展的空间，让他们拥有更多课程选择的自由度。在课程的设置及课程内容的选择和设计上，充分体现多样性、可选择性和丰富性的特征。

1. 以人为本

传统的课程强调学科知识，忽略了学生作为一个活生生的人的真实体验。校本课程的开发注重学生的生活体验和学习经验，课程实施中强调学生发展的主体性、主动性，关注每一名学生发展的差异性。让每一名学生都成为与众不同的主体，满足每一名学生不同的发展需要。

2. 给学生留下空间

个性的发展需要一定的自由空间，学生作为校本课程开发的主体之一，有

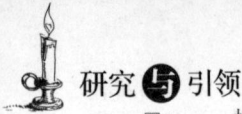

课程决策的权利。课程开发是一个动态的、不断完善的过程。课程内容和结构都在师生互动中完成。尊重学生的兴趣与经验，让学生根据自己的需要进行选择，为学生的个性发展留下了一个空间。

3. 差异性教育

国家课程强调人才规格的整齐划一，忽略了学生之间的个体差异。校本课程开发为学生提供了自我个性张扬的现实条件。每一名学生都可以对自己要学的内容做系统安排，根据自己的发展需要形成具有独特性的个性化课程。教师作为课程的组织者与指导者，要研究学生的需要和发展的可能性，注重个别指导，尽可能满足学生不同的需要，从学生经验出发，提供差异性课程，做到因材施教。

4. 课程以学生为中心

校本课程开发是从学生的需要出发的，是为了学生的发展而存在的。学生实际需要什么，成人不一定清楚。校本课程的开发主体之一就是学生自己，因而更能从学生的需要出发，精选学生终身学习必备的基础知识与技能，能够真正促进学生的身心发展。

5. 减轻学生的压力

目前学生从进入学校的第一天就开始为升学而竞争，每天都沉浸于各学科的习题之中，承受着巨大的心理压力，学习的课程都是围绕着国家考试科目而设，而关注学生兴趣爱好的课程太少。校本课程强调以人为本、趣味性和开放性，让学生能够参与进去，这样不但能扩大学生的视野，增强能力，而且能给学生带来快乐、减轻压力，使学生在繁重的学习中得到放松。

二、校本课程能促进教师的专业发展

国家课程开发模式下，教师处于权力结构的最底层，教师按照规定的时间和进度，完成规定的教学内容，这无疑扼杀了教师的创造潜能。校本课程的开发赋予教师课程决策权。教师就是课程编制者、实施者、评价者。

1. 提高教师的参与意识和能力

执行者的角色使教师习惯于服从上级的指令，不需要关心参与课程的决策，也不知道该怎么参与。校本课程的开发可以使他们形成参与课程决策的意识，行使课程决策的权力，并在参与过程中形成参与的能力。

2. 增强教师的课程意识和课程开发的能力

校本课程的开发帮助教师们认识到自己所教的科目与学校整体的教育目标和前景的关系以及与其他学科之间的关系，从而形成整体的课程观和结构的课程观，形成整体的课程意识而不是狭隘的学科意识。由于传统上，教师并不负责教材的改编或重组，长期处于课堂的具体教学设计，并没有选择学习主题、设计教学内容的能力。校本课程的开发无疑可以帮助教师在校外专家的帮助和指导下获得这种能力。

3. 增强教师的教科研意识和能力

校本课程开发要求教师研究自己的学生，研究教学内容，研究和思考学校发展的愿景和文化的创生。在与校外专家共同开发校本课程期间，教师以课堂师生互动的自然情景为研究对象，进行行动研究。在这种研究过程中，教师们的研究意识和能力会大大增强。

4. 增强教师的合作意识

教师在传统的情况下，多数都是孤立地开展教学，校本课程主张以学校为整体，积极提倡集体协作共同决策和开发，要求教师们相互学习，共同研究问题并找出解决的方案。教师们在合作过程中会增强合作意识，提升合作能力。

知识可以分为本体性知识、条件性知识、实践性知识。本体性知识是指教师所具有的特定的学科知识，一般可以在高校学习中获得。只是本体性知识增加到一定的程度后就不再是影响其学习质量的显著因素。条件性知识指教师具有的教育学和心理学知识。可以通过系统的学习获得，但更多的是在课程实施过程中逐渐了解和习得，需要动态地去把握和领会并在实践中加以发展和加深。实践性知识是指教师面临实际的课程开发和课程事实所具有的关于客观现实的背景知识。这类知识只能在具体的实践中才能获得。而教育情景总是处于不断变化之中，所以要求教师在实践中不断地反思。对教师而言，最重要的知识只能在实践中获得。教师参与课程开发，不仅能够加深自己对本体知识的理解，而且能丰富条件知识，累积实践性知识，使自己的知识结构更趋合理与完善。

三、校本课程能促进学校特色的形成

一个学校有没有特色，一个学校能不能创建教育品牌，很重要的一点就在于这个学校有没有独特的办学理念与思想，而校本课程就是学校独特理念与办学思想最重要的载体。三级课程管理体制的确立就是在保证基本的教育质量的前提下，给学校一个空间，让学校根据自己的客观现实确定自己的办学哲学。确立学校独特的发展方向。校本课程，就是黄岛区育才小学的特色办学思想的体现。

1. 学校功能的重新定位

传统的教育理念认为学校必须顺应现存的社会价值规范和文化传统，学校的任务就是传承文化。校本课程的开发理念认为学校除了传承文化之外，同时肩负着改造现存社会的弊端、冲破不合时代的落后的文化传统的任务。

2. 学校权力的重新组合

校本课程的开发会使整个教育系统内部的权力重新分配和权力结构重新调整。传统的国家课程所依附的是一个金字塔式的权力结构，学校及教师处于最底层。校本课程开发强调以学校为本，政府下放一部分课程开发决策权，重新调整课程决策的权限和职能。就学校内部而言，教师、学生、家长也应该分享课程决策权，打破学校内部体制的社会权力机构及官僚体制，建立民主开放的决策机制。

3. 学校内部结构的重新调整

在传统的课程开发模式下，学校只是国家课程的执行单位，校长的任务只是上情下达，教师只是完成规定的教学任务，学生必须完成规定的学习任务。学校在课程管理上的主要任务实际上也就是确保课堂教学按计划进行。校本课程的开发以学校整体发展为目标和学校所有学生的整体学习为基础，需要校长、教师、学生、家长、社区代表及校外专家共同探讨、研究、审议。学校原有的教育管理机构已很难适应校本课程开发的需要。因此，学校内部的组织结构需要重新调整，原有的不适应的部门应该精简，成立专门的课程委员会，负责管理课程的开发、实施、评价等事务。与校本课程相适应的组织应该具有以下特性：研究性，以一种研究性的态度尊重差异，处理事实；学习性，鼓励教师集体学习和创作；发展性，学校要建立一种可持续发展的组织机构，支持教师个人发展，为每一个人的发展创造机会和空间；开放性，教师之间、学校之间要向其他人开放，养成一种开放的心态，在合作交流中进步。

四、校本课程能促进教育事业的发展

校本课程的开发以学校自身的资源、条件为基础，具有灵活性和差异性。通过资源的调整和优化配置可以提高教育的效益，通过教育内部权力的重新分配提高教育的适应变革的能力，促进教育事业的发展。课程作为一种校本课程，就能够促进素质教育的发展，从更大范围上讲，能够促进诗性教育以及素质教育事业的发展和进步。

1. 弥补国家课程的不足

我国小学课程长期以来是在国家课程的框架和体系下进行的，没有什么变更或创新，这就造成国家课程中的一些教学内容和方法不适合一些地区和学校的实际情况。校本课程注重实际情况和需要，弥补了国家课程在从高级层次推行到低级层次过程中产生的一些弊端，能更好地完成国家课程的要求。国家课程强调共性和统一性，容易忽略个性和差异性。课程开发的时间周期长，缺乏灵活性，严重地滞后于社会的变革，尤其不能及时反映科技进步和当地社会发展需求的实际变化。学科专家处于课程开发的中心位置，导致狭隘的专家课程目标和决策渠道，缺乏多层次、多途径、全方位满足学生发展和社会发展的课程体制与能力。课程开发的专家与课程实施的教师之间缺乏联系，闲置了广大教师的独立判断和参与课程开发的积极性和创造性，降低了课程改革的实际影响，造成了教育资源的浪费和教育效益的下降。

2. 推进教育民主化进程

中央集权的课程体制下，教师和学校都习惯于听从外部的指令，缺乏主动决策的机会和能力，极大地损伤了学校和教师的积极性，扼杀了广大教育工作者的创造性。校本课程开发通过组织的重新建立和权利的重新分配，使各个层次的参与者分享权力、承担责任。让从事教育事业的基层工作者有机会参与决策、分担责任、极大地调动了他们的积极性，激发了他们的创造性，从而推动了教育民主化进程。

3. 有利于教育的交流合作

校本课程开发需要与外部环境合作，得到大学研究者的帮助，有助于促进中学与大学的联系与合作；校本课程开发需要借助于他校的经验，促进学校之间的合作与交流；校本课程开发需要与社区密切合作与交流。这样，校本课程的开发就将学校与高校、其他兄弟学校、社区及其他社会单元联系起来，促进共同的交流与发展。

4. 有利于学校更好地适应市场需求

教育作为一项基础性的投资的概念已被多数家长接受，中国家长特别重视孩子的教育，让孩子享受优质的教育已成为普遍的教育需求，校本课程开发强调自主决策、自主开发，有利于形成品牌效应，更好地适应教育市场的需求，逐步提升学校在市场中的位置，扩展学校生存和发展的空间。

校本课程从学校的实际情况、学生的特点出发，强调的是学校和学生的特殊性，突出的不是统一性、一致性，而是基于学校、学生的现实展开的，针对学校、学生的问题而进行的课程。

5. 有利于文化传承

我国的传统文化具有丰富的精神内涵，有多种多样的表现形式，但并不是所有的传统文化都适合进入课程，因此，需要带着批判的眼光来选择课程内容，与此同时，也要适当考虑学生的需求及其能力水平。另外，选择内容时还应考虑地区差异和校际差异。这样既可有效利用地方资源，对地区性传统文化的挖掘起一定的促进作用，又可形成课程的地方特色和学校特色。

文化绿城小学的课程是由各种各样的、内容丰富多彩的活动组成的，是以探究和体验为主要方法的综合性学习，内容丰富，贴近学生发展需求。通过实践活动，为学生提供一个自主、合作的学习机会和空间，使其将知识学习、实践体检、态度养成、能力培养等统一起来，最终促使其综合能力的形成。校本课程给学生提供了比国家课程更加丰富的问题情景，更能激发学生的积极思考和大胆想象。由于校本课程在内容上丰富多彩，在形式上灵活多样，在操作时间上因地制宜，拓宽了学生学习领域，开阔了学生视野，丰富了学生的生活，使学生在有限的学习时间内，在掌握有关知识和技能的同时，学会学习，学会生活，学会健康，学会创造，学会合作，学会关心，为人生的后续发展奠定了坚实的基础。

五、校长要明确校本课程领导和管理职责

1. 校本课程领导

这里称"领导"而非"管理",主要是体现新课程尊重人的主体地位、尊重集体智慧的理念和价值追求。校本课程领导要摆脱"监控"和"管制"等自上而下的管理思想的束缚,实现从"课程管理"到"课程领导"的转型,激励干部教师自律地、自主地把学校日常的课程实践活动作为独特的课程资源加以创造性的实施,以满足学生发展需要和体现学校办学理念与特色为目的。

为了保证校本课程开发不流于形式,在组织机构的设置上必须予以保证,由校长引领学校建立校本课程领导机构体系。如下图所示:

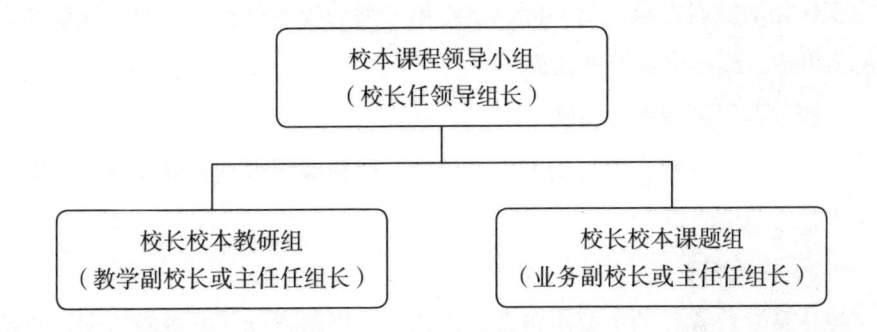

```
            校本课程领导小组
            (校长任领导组长)
              ┌──────┴──────┐
     校长校本教研组         校长校本课题组
  (教学副校长或主任任组长) (业务副校长或主任任组长)
```

(1)校本课程领导小组。

建设校本课程是关系着学校内涵式、特色化发展的大事,校长要担当好"第一责任人"。实践证明:校长建构课程体系的意识,决定了学校自主发展的高度;校长搭建课程框架的能力,决定了学校自主发展的水准。校长应当任课程领导小组长,做到名副其实,亲自参与整合课程资源、审定课程方案、选择课程师资、保障课程环境、推进课程实施、组织课程评价等环节。

(2)校本课程教研组。

学校在满足学生发展需求的基础上,设置了多门类校本课程,在实施中有诸多问题需要研究,学校为此要设置相应的教研组,集思广益,研究解决课程开发与实施中发现与发生的现实问题。校本课程教研组与语文、数学、英语、科任等学科组平级,统一归属教学副校长或教学主任直接领导。组长根据校本

课程开设的具体情况，不定期组织开展一些研究活动，活动有分有合，以研究解决教学问题、交流课程实施经验为主。

（3）校本课程课题组。

为了保证校本课程的适应性与选择性，学校将课程开发与实施纳入课题研究的范畴，各门校本课程的主要负责人是课题组的核心人员。课题组主要围绕课程开发与实施、课程领导展开研究，从课程文化的建构、课程目标的确立、课程内容的开发、学习方式的选择、课程效果的诊断等方面，进行有针对性的探索研究，保证课程的适应性与生命力。

新课程理念倡导：校本课程开发要尽量满足学生的兴趣或需要。学校课程开发的首要任务就是要适应学生多样化的发展需求。此外，学校要考虑现有的师资、资源、条件等因素，在双向选择的基础上建构校本课程体系。而要满足学生多样化的发展需求，就不能满足于单一型的校本课程等，要在保证开设质量的前提下，逐渐丰富校本课程。

2. 校本课程管理岗位职责

为了规范学校校本课程的开发和管理，使新课程得到有效实施，特拟定校本课程管理岗位职责。

（1）校长职责。

校长是学校课程的主要决定者和责任人，严格贯彻《基础教育课程改革纲要》，领导和组织教师实施课程开发，完善各类制度，建立规范化、科学化的新课程管理程序，保障课程开发的经费投入。

（2）教学副校长职责。

协助校长主管学校课程开发，制定课程开发方案、总结和各类制度，主管教师教学工作的安排、调度；抓好教师业务素质的培训提高，负责对实验教师教学的考核、考评。

（3）教导主任职责。

根据学校课程开发方案的要求，成立校本课程研发小组，组织教师编写校本课程指南，制订教学计划，开齐课程，开足课时，监督执行学校课程开发，加强对实验教师的指导，做好教师教学的考评。

（4）教科室主任职责。

建立和管理好课程开发档案资料，收集实验教师优秀论文、典型案例和优秀教案，组织开展新课程理论培训和讲座，组织好阶段性实验成果的编辑。

（5）教研组职责。

协助教导处和教科室组织教师的业务学习，开展课堂教学研讨，做好校本课程开发的执行工作。

（6）实验教师职责。

积极参与校本课程开发研究工作，锐意创新，开拓进取，认真学习新课程理论，做好翔实笔记。认真落实新课程的教学工作，严谨扎实、求真务实地进行实验探索，创造性地完成实验中的各项工作。

第三节　让国家课程散发校本魅力

国家统一课程的标准，面对着不同的学校，面对着千差万别的师资素养、学生潜能、教学资源、办学传统和发展目标，课程落实到学校层面，要使其更有效、更适切，就要对其进行校本化的再加工。文化绿城小学校语文学科的"美文凝萃"、数学学科的"破冰课程"、英语学科的"童话英语"是国家课程校本化开发的重要成果，形成了具有校本特色的课程链条。

课程是学校文化的载体，课程与文化密不可分。文化绿城小学一路反思，一路探索，不断推陈出新，在"立雅求美，绽放幸福"的教育理念下，构建"雅塑行、美怡情"的"雅美"课程体系，着力进行具有学校特色的课程建设。

在学校课程体系中，国家课程是核心课程，课时所占比重最大。因此，国家课程是学校最关注、投入研究最多的课程。国家统一课程的标准，面对着不同的学校，面对着千差万别的师资、学生潜能、教学资源、办学传统和发展目标，课程落实，不可能千校一面，怎样做到有效性，甚至适切性？一句话，国家课程的校本化实施。正是统一的课程标准，不同的校情和生情，决定着国家课程校本化的实施。

一、实施背景

在国家课程校本化探索之初，笔者针对国家课程实施中的课堂现状，和教师们一起进行了调研，问题列举如下：

语文学科：苏教版语文教材美文较多，但有的年级教材选取文章主题性不够明确，体系不够完整。

数学学科：一年级上下册数学教材中出现的生字，在语文教材中没有出现或者滞后于数学学习出现，对于汉字零基础的学生必然增加了数学阅读和理解的难度。

英语学科：英语学科我校学生基本素养较好，但英语口语和阅读理解能力还有不足。

二、实施步骤

在国家课程实施中，我校没有做"忠实的执行者"，而是抓住新课程赋予学校的课程权利，创造性地开展了国家课程校本化研究。

1. 成立一个团队

校长和班子成员以招募志愿者的方式成立了专题研究小组。

2. 形成一种共识

在"不增加知识点，不增加学生负担"的前提下，以"母本教材为主线，其他教材为辅助"，基于课标统整教材，使得教学内容更适合学生。

3. 提供全力支持

学校为研究小组提供充分的学习资料并邀请专家培训，组织教师外出学习。

4. 形成特色成果

各研发小组利用暑假潜心研究，取得了语文学科的"美文凝萃"、数学学科的"破冰课程"、英语学科的"童话英语"等国家课程校本化开发的重要成果，形成了具有校本特色的课程链条。

三、实施策略

1. 对语文学科的改造——凝萃之旅

小学语文课标第三学段目标中对阅读的要求："背诵优秀诗文60篇（段）。扩展阅读面，课外阅读总量不少于100万字。"教学建议中指出："要重视培养学生广泛的阅读兴趣，扩大阅读面，增加阅读量，提高阅读品位。加强对课外阅读的指导，开展各种课外阅读活动，创造展示与交流的机会，营造人人爱读书的良好氛围。"

根据教师在实践中的发现与积累，语文教学要根植于课本，而又不能囿于课本；立足于课堂，而又不能局限于课堂。在对课标理解和教材解读的基础上，我校以六年级为试点，调整教材、拓展内容；以"美文凝萃，以读促写"

为思路，开发了语文学科的补充学习材料《别样的精彩》。

我们首先以苏教版六年级语文教材的单元为主线，结合教材的知识体系，确定重要知识点和能力训练点，然后综合"人教版""北师大版"和课外阅读读物中的典型课文，围绕同一个能力点进行集结编排单元。通过落实小目标，最终达成《小学语文课程标准》要求的语文教学总目标。

《别样的精彩》这一语文补充教材是在尊重人文性主题教学的前提下，主要进行工具性主题统合教学，即打破原来的线性教学，不再一课一课地教和一段一段地讲，而是以一个单元为教学基本单位，按照"教、学、用"三个环节重新建构每节课学习的内容和达成的目标。教——对苏教版单元教材和补充教材进行统合，教师根据每一单元的训练目标，指导学生进行群文阅读；学——教师导学，学生结合阅读要求，以小组合作的形式对教材内容进行专题研究，学习一个单元的整体教材内容；用——合作学习后，学生对其中的精彩词、句、段、篇进行美读、积累、赏析和仿写，最终达到学以致用。以下是六年级语文上册学习材料《别样的精彩》目录。

第一单元主题："心中有祖国"选取文章

夜莺之歌

圆明园的毁灭

难忘的一课

第二单元主题："人间真情"选取文章

穷人

怀念母亲

地震中的父与子

第三单元主题："奋斗与生存"选取文章

把掌声分给她一半

桃花心木

顶碗少年

第四单元主题："民风民俗"选取文章

北京的春节

藏戏

各具特色的民居

第五单元主题：景物聚焦选取文章

林海

彩色的非洲

与象共舞

第六单元主题：名人风采选取文章

我的伯父鲁迅先生

一夜的工作

居里夫人的三克镭

第七单元主题：读书有方选取文章

窃读记

小苗与大树的对话

走遍天下书为侣

以第一单元为例，我们所使用的苏教版语文教材六年级上册第一单元主题为"心中有祖国"，单元训练目标为：抓重点句、关键词谈感受，概括主要内容，体会中心思想。苏教版教材中安排了《我爱你啊，中国》《郑成功》《把我的心脏带回祖国》三篇课文，为了将教材中的"爱国"情感渗透，深化主题，我们选取了北师大版第十一册《夜莺之歌》、人教版课标本第九册《圆明园的毁灭》、人教版第九册《难忘的一课》，围绕同一个训练目标将学习内容进行补充。

2. 对数学学科的改造——破冰之旅

数学学科国家课程校本化于一年级开始实施。《数学破冰课程》，尊重儿童发展规律和认知结构特点，在孩子们驾驶着小舟行驶于数学长河之前，把河流中阻碍知识之舟前进的冰块消融掉，让小朋友顺利地、保持兴趣地渡过数学这条"长河"，以减轻小学生在起始阶段学习数学的负担。

（1）《数学破冰课程之一·数学识字》。

《基础教育课程改革纲要（试行）》明确指出，要改变过于强调学科本位的现状，体现课程的综合性，提高教学的综合效益。我校开设的《数学破冰课程之一·数学识字》，就是把语文学科和数学学科相整合的大胆尝试——数学课，先识字！

《数学破冰课程之一·数学识字》，是鉴于一年级语文和数学识字的不匹配，即一年级出现的诸多生字，在语文教材中没有出现或者滞后于数学学习出现，即使有些出现了，也是在文学情境中，与数学的表达方式相差甚远，到了数学课本上，学生们理解和运用起来比较困难。学生不认识字、不理解其数学意义，显然增加了阅读和理解的难度。因此，我们研发了《数学识字》，通过把生字放到数学情境中去认识，配以生动有趣的故事和游戏，引导学生先识字再学习数学，试图解决一年级小学生学习数学的困难，使他们找到学习数学的乐趣，进而对数学学习产生兴趣。

据统计，北师大版小学数学一年级上册教材中需要学生理解和掌握的生字有43个，这些生字分布在整册书的七个单元中。我们预设了三种实施方案，以方案一和方案二为例：

方案一：将这47个字集中在学期初，分6个课时完成。

第1课时：认识"排一排 第几 比一比 等于 大于 小于"（不重复的生字共计9个）

第2课时：认识"大小 多少 高矮 长短 重轻"（生字共计8个）

第3课时：认识"长方体 正方体 圆柱球"（不重复的生字共计7个）

第4课时：认识"分类 上下 左右 前后"（生字共计8个）

第5课时：认识"加与和 合起来 一共 减差"（生字共计8个）

第6课时：认识"还剩下 原来 现在 时半"（不重复的生字共计8个）

考虑到集中学习的生字过多，而且时间长了学生容易遗忘，我们又预设了第二种方案。

方案二：在每一个（或两个）单元学习之前，先学习该单元的生字。

第一单元：排一排 第几 比一比 等于 大于 小于（不重复的生字9个，共计1课时）

第二单元：大小 多少 高矮 长短 重轻（生字8个，共计1课时）

第三单元：加与和 合起来 一共 减差 还剩下 原来 现在（生字14个，共计2课时）

第四单元：分类 上下 左右 前后（生字8个，共计1课时）

第五单元：长方体 正方体 圆柱球 时半（不重复的生字9个，共计1课时）

经过尝试，第二个方案在实践中更适合。

（2）《数学破冰课程之二·动动数学》

小学数学新课标中强调："学生学习应当是一个生动活泼的、主动的和富有个性的过程，除接受学习外，动手实践、自主探索与合作交流是数学学习的重要方式，教师也要为学生提供充分的数学活动的机会。"

本课程分为上下两册，上下学期各学一册，每册大约有15个不同的数学游戏，根据课本上每个单元学习的内容开展有针对性的1～3个数学活动，穿插于教材当中，以游戏的形式承上启下进行安排。课时安排：每周一课，一学期16节课，一学年共32节课。课堂上以寓教于乐、小组合作的学习模式进行活动，使学生在动手操作以及趣味游戏中对本单元所学知识进行巩固和拓展。

3. 对英语学科的改造——童话之旅

《国家英语课程标准》二级目标中明确指出"对英语学习有持续的兴趣和爱好。能用简单的英语互致问候，交换有关个人、家庭和朋友的简单信息，并能就日常生活话题作简短叙述。能在图片的帮助下听懂、读懂并讲述简单的故事，能在教师的帮助下表演小故事或小话剧，能演唱简单的英语歌曲和歌谣。能根据图片、词语或例句的提示，写出简短的描述。在学习中乐于参与、积极合作、主动请教。乐于了解异国文化、习俗"。

在实施国家课程的时候，我们发现，我校学生的英语基础知识较为扎实，但口语交际能力、英语阅读能力还有待提高。为了让学生的英语综合能力得到最大限度地提升，我们进行了校本教材的编写，每节课与国家课程相融合，形成了我校实验年级的英语学科教材《童话英语》。

在课堂中具体如何实施呢？

第一，每个新单元的第一课，我们和学生一起分享单元的学习目标，让学生学习的时候心中有目标。

第二，利用每节课的前5分钟，进行快乐语音练习。

第三，进行PEP小学英语教科书的学习。

第四，利用每节课的最后5分钟，让学生进行绘本世界的学习；从英语口语入手，达到"见词会读，听音会写"的目标；英语绘本阅读从英语阅读兴趣入手，达到"喜爱阅读、有良好阅读习惯"的目标；探索从"渗透式"到"浸润式"的科学过渡模式。从而,帮助学生提高英语的综合能力和素养。

四、效果与愿景

在课程实施过程中,良好的习惯在校园养成,美好的品质在校园塑造,校内轻声细语,书香四溢,乐声悠扬。在2014—2015学年,我校在省市区各级评比和比赛活动中,获得综合表彰达22项、学生团体获奖23项、教师个人获奖120项,已经顺利达成学校特色发展、教师专业发展、学生个性发展的和谐统一。

(1)通过对国家课程的"再加工",我校语文学科的"美文凝萃"、数学学科的"破冰课程"、英语学科的"童话英语"已经形成了具有校本特色的课程链条。

(2)提升了教师国家课程校本化开发与实施的能力与自信。在开发与实施的过程中,由宏观到细节整体设计教学,教师在研究教材,更在研究学生,在这一过程中教师在快速成长。他们开始知道如何按照学生的程度统整教材,而且对所教学科有了全局性认识,通过分析统合不同版本教材的知识点,比较出教材的优势和特点,并进行扬长避短的整合。

(3)学生个性得以张扬、能力获得发展。学生是校本化的最终受益者,学校所有做法都是为了实现学生的健康发展。国家课程校本化实施,以人为本,针对教材缺失、学生不足的情况,对症下药、有的放矢,使得课程标准得以有效落实,学生个性得到了充分尊重,他们全面发展、身心健康、充满自信、规范加特色、合格加特长,凸显了课改的正能量,塑造了"文质彬彬、绿意盎然"的毕业生形象。

虽然我校的国家课程校本化实施取得了一定的成效,但还是在一年级数学、六年级语文和三年级英语中存在不足。国家课程校本化能够在所有年级和学科实施是我们的理想,但从学校的实际情况看,要达到这一高度在师资能力上还存在着一定困难,所以,让国家课程最大限度地贴近学生、更全面地落实课程标准的要求,促进学生的全面发展、主动发展及个性发展,是文化绿城小学课程建设的期待与追求。

第六章

新课程改革与校长课程领导力

第一节 新课改背景下的校长角色定位

新课程改革在理念、方式和评价等方面都强烈冲击着旧的教育体系，这就对我国中小学校长提出了更多、更新、更高的要求。笔者根据国内外学者对校长角色研究的归纳与总结，同时根据新课程改革的理念，运用教育管理学、教育组织行为学、校长学等相关理论，结合个案的调查研究，以此总结出在新课程改革的背景下校长应扮演好的三种角色，以探寻新课程改革背景下校长角色的应然状态。

一、课程领导者

学校的规模和复杂程度各有不同，同样的，校长角色在不同学校也不一样，这是由不同学校组织和团体的期望差异所造成的。然而，不管学生数量有多少，校长进行管理的职能是相似的。校长职位包括五个管理职能，其中四个发生在学校内，另一个是在和外部世界的互动中发生的。内部职能包括人员管理和教学改进、课程发展、学生服务、资源获取以及硬件利用，还包括预算和维护；外部职能是公共关系。

领导就是校长创造一种以学生高效学习、教职工高效工作、有创新精神为特征的学校氛围。当课程还处在相对稳定的状态时，领导的作用在一定程度上可以被程序性秩序所代替。相反，当新的课程理念进入课堂之后，教师的教学目标发生了变化，然而旧的操作程序不能采用，而新的操作程序却不明确，以常规为特征的稳定状态被打破，教师便会在实际行为中产生困惑，这时对领导的需求就会变得异常强烈。

1. 积极组织课程的设计与开发

新课程改革赋予了学校更多自由以及权力，用以开发校本课程，同时也赋予了校长新的职责。课程开发的过程也是体现学校教育哲学和办学思想的过程，同时改变千校一面的局面也要通过校本课程来实现。因此，校长应该明确学校校本课程开发的方向和目标，并将这一意识灌输于全体成员中。在新课程改革背景下，校长不仅应有清晰明确的办学宗旨，还要建立独特的学校文化，通过开发校本课程来彰显办学特色。

2. 抓好课程实施

在课程的自主建设和发展空间上，新课程改革给予了学校较大的空间和自由。因此，校长应理解、熟谙课程目标的设置、课程结构、课程内容、课程的设计与编制、课程的实施与评价，学做课程管理的明白人。新课程改革把教学看成是课程实施的过程，教学质量不高的问题可以通过有效的课程实施得以解决，这就要求校长重视课程实施的过程，充分认识到教师是课程的创造者、开发者，同时，也要充分利用学生在课程实施中能动性的作用，重视对教师和学生的反馈是课程实施的重要一环。所以，校长应以课程实施为突破口重建学校管理体制机制，以促进学校、教师和学生的共同发展。

3. 抓好课程评价

以分数为准则的评价方式已经与时代脱轨，新课程改革要求学校变革旧的评价制度，建立与新课改相适应的评价体系。由于教师处于教学的第一线，他们对课程实施过程中出现的问题最为了解，最具有发言权，只有引导教师对课程进行评价，才能真正体现出课程实施的效果。沟通——衡量——纠偏，这就是校长在课程评价中需要做的。搜集相关资料，通过教师了解课程实施过程中与课程体系、课程内容、课程实施相冲突的问题，并及时采取策略，有针对性地进行解决，以改进课程实施工作。评价是确保课程改革顺利实施的关键环节，也是校长课程领导能力的体现。因此，校长要充分利用衡量、诊断、反馈、激励等多种手段，使评价变为促进课程实施、课程目标落实、校本课程开发的强大助推力，并把课程评价改革纳入长期的发展轨道中。

需要注意的是，课程管理是动态的而不是静态的过程。校长应对课程的哲学结构有一定的理解，这不仅有利于理解现有课程的本质，而且有利于建立更有效的课程结构，以满足被服务者不断增长的需要。课程所面临的压力是多方面的，校长在处理这些问题时应该扮演积极的角色，否则会被其他人的要求所淹没，总的来说，作为课程领导者，校长需要承担起重建学校课程的责任。

二、课程学校文化营造者

文化是一种隐性的力量，文化在一定程度上反映了人们处世的态度和对待生活的方式。用文化的力量来促进师生成长，用文化的力量重塑学校，这是现代学校建设与发展的必然趋势。学校文化体现了学校的综合竞争力。当新课程改革不断推进时，教育理念的更新、学校制度的重建等因素的变化也会促使学校文化相应得到新生和变革，换句话说，学校的日常运行表面上看是制度问题，但归根结底还是文化问题。因此，学校管理的更高境界必然回归到文化管理。许多学者也都曾指出，课程改革在根本上就是学校文化的变革，但现实中很多学校对学校文化的建设的忽略是显而易见的。作为学校的领导者和管理者，校长的文化使命是不容忽视的，既营造出潜移默化的、促进师生身心发展的学校氛围，同时又体现学校的特色文化并加以巩固，形成具有持久的、深入人心的学校精神，便是校长的文化使命。

需要注意的是，建设学校课程文化需要校长有意识的设计和建设，因为这是一个长期的过程，所以，学校文化必然会受到校长的专业知识、个人素质、领导方式等方面的不同程度的影响，如何最大化地减少这些因素的干扰，把校长对学校文化的追求渗透到学校工作的各个环节中，这些都是需要校长重点考虑的问题。新课程改革鼓励和提倡文化的多元化、人才的个性化，要为形成良好学校文化创造条件，而这就有必要充分发挥广大教师的积极性，只有当学校的文化得到教师的认同，并得到他们的支持才算是在教师群体中扎了根。因此，校长的另一文化职责就是要敦促教师不断学习，并提供促进其专业发展的渠道，形成具有活力、创造力的教师组织，促进人才的个性化发展，这样才能为实现良好的学校文化创造条件，才能满足新课程改革对文化重建的要求，促进改革的顺利实施。"让全体师生在校园里过得更好、活得更好、发展得更好，从而取得更大的成功，是一名校长最根本的追求。"总的来说，教师和学生才是学校文化的主人，是创造学校文化的主体。校长的职责就是通过有效管理、提供优质服务，最大限度地让这一目标得以实现。

三、新课程改革的服务者与协调者

校长的服务者角色对保证新课程改革的顺利实施起着至关重要的作用。从本质上说，教育最重要的只有两个人：学生和教师。其他都应为二者服务，尤其是校长，不仅是直接的服务者，还要调动其他管理人员为之服务，校长的服务者身份应该是多元的。由于新课程改革的艰巨和复杂性，如果校长还是一味地通过规章制度来对教师进行控制，这显然是不现实也是不合实际的。因此，校长要从过去习惯于领导、发号施令的习惯做法中挣脱出来，转变为想方设法地为教育教学服务，以积极诚恳的态度与教师共同研讨教育教学中遇到的问题，促进教师、学生发展。校长的服务是多元的，一切常规性工作几乎都可以纳入校长的服务范畴中。

在新课程背景下，校长的服务者角色得到了进一步深化。这其中包括决策服务、为师生提供较好发展和提升空间的服务以及服务补救的服务。具体来说，新课程改革不仅是一项复杂的、艰巨的工作，同时也是一项极具探索性的工作，探索有风险，因此也是要付出代价的。在新课程改革过程中，校长不可能完全按照新课改的规定一成不变地在学校加以实施而不考虑实际情况，所以，探索和决策的风险带来的失误在所难免。当然，课程改革中遇到挫折和困难并不可怕，关键是补救及时，同时争取外界的支持，协调各方面的关系，为课程改革不断累积经验。学者克里斯廷·格鲁斯据此提出了"服务补救"概念。这种服务补救的原则是：一旦服务失误，首先要迅速反应、及时解决，其次要广泛征求多方意见和建议，最后进行问题诊断，总结经验并从失误中吸取教训。

第二节 新课程改革背景下的校长角色转变

通过对校长角色转变应然状态与实然状态的对比,同时基于对个案学校校长角色转变存在问题的分析,我们不难发现,在新课程改革背景下,校长已经具有转变自身角色的意识,同时也积极寻找方法和策略来增强转变的力度,但是由于受自身专业能力不足、反应被动、外力驱动、个人愿景占主导以及学校"科层制"的影响,转变遇到了瓶颈和困难,阻碍了课程改革的深入发展。因此,笔者提出可以从以下方面进行改进,促进校长角色的顺利转变。

一、观念变革

1. 理清思路:由被动依赖到主动选择

由"被动依赖到主动选择",由"千校一面"到特色文化发展,由"头痛医头、脚痛医脚"到整体性变革。由被动依赖到主动选择,是指在转变过程中,校长摆脱"等""靠"思想,深入把握本学校发展实际,主动选择适合于学校的变革途径。我们在现实中总会碰到这样的校长,他们在头脑中固有的思维是"上级要我做什么我便做什么""别人怎么变我就怎么变""我的学校怎么做,直接去问专家就好了",这种思路从根本上是错的。学校变革必须真正调动教师的积极性,只有让教师参与并感觉到与他们相关,他们才会真正有兴趣地投入,真正的学校变革必须是校长和教师主动而且全员参与才能持久和彻底。

由"千校一面"到特色化发展,指在变革过程中,校长深入挖掘学校发展过程中积淀的稳定性特征,并以此为切入点形成特色从而提高教学质量。我国中小学教育当前已经从量的发展提升到质的发展阶段,已经从适龄青少年提供学习机会发展到为适龄青少年提供适合他们的、优质的学习机会,这就要求学校必须以特色提升质量。同时,在特色发展过程中校长需要注意的是,特色不是别人给的，也不是可以强加的，必须是学校发展过程中长期积淀的、融入学校气质中的，是以校长为首的全校师生员工共同认可的，这才是真正的特色。而且，学校的变革并不是只存在唯一一条最好的路，通过对学校形势的理性思考，自上而下与自下而上协同推进，必然能够获得成功。

由"头痛医头、脚痛医脚"到整体性变革，指在变革过程中，校长要摆脱线性思维和实体性思维，既重视学校内部的各要素，又重视各要素之间的关系，同时把握学校所处环境的动态性特征，同时明白由各个部门构成的整体具有不可还原性。当前的学校变革在价值选择、愿景规划以及实现过程中都呈现出极强的复杂性，"头痛医头、脚痛医脚"这种割裂的处理方式无法从根源上解决问题。

2. 凝练学校的共同愿景及价值观

无论是教育家、政府决策者，还是家长、普通公民，都对学校寄予极大的关注，然而，学校的任务是什么以及这一任务完成到什么程度，我们常常无从把握。《基础教育课程改革指导纲要（试行）》就明确指出："要改变课程管理过于集中的状况，实行国家、地方、学校三级课程管理，增强课程对地方、学校及学生的适应性。"新课程改革的主体和策源地就是学校，因此，这个过程中，学校就更应该积极地发挥首创精神，主动改变自身面貌，沿着健康的轨道向前迈进。其工作思路应该从"等政策、靠领导"转变为"向主动实践、主动创新"求发展，从被动执行者发展为创造型执行者。需要注意的是，改革的最终目的不仅仅让学校现在有效，并且是持续有效。

因此，校长应该在国家战略方针的指引下，在新课改这个大背景下，充分结合社会、教师、学生的发展需求，结合学校历史传统、发展特色，创造性地推动学校发展。既要遵循教育的规律，又要尊重个体成长；既要担负起对国家和民族的责任，又要肩负起对每一个个体生命、对人类命运的责任；既要具有国际视野，充分借鉴其他国家和地区学校的先进经验，又要充分发挥校长、教师的主体精神，紧密结合学校实际，主动创新，为实现自身的角色转变做精神上的铺垫。万变不离其宗，外部的环境无论如何变化发展，只要牢牢把握住共同愿景及核心价值观的内涵，校长的角色才能实现顺利转变的第一步，才能推动学校改革的成功。

二、行为改进

1. 跨越改革障碍，主动引领变革

现代社会环境是以变化性、复杂性和不确定性为主要特征，学校必须增强灵活性，以适应不断变化的外部环境。校长的作为在改革的环境中举足轻重。很多人都有这样一个假设，改革的方案一旦制定出来，经过自上而下的实施和推广，改革自然就会发生，校长角色的转变也会随着环境的变换自然而然的转变，他们认为这是一个水到渠成的事情。然而，事实并非如此。校长若想营造有利于改革的组织环境，就需要跨越情感障碍、文化和环境障碍、认知与沟通障碍，这需要校长在实际工作中形成认同、循序渐进地创造有利于变革推行的心理环境，充分运用智慧、在超越现实局限过程中把握创造空间，重视学习和沟通环节。

（1）加强认同，循序渐进的推行角色转变。

在面临改革时，人们的普遍反映并不是主动投入其中。人们对改革的接受程度取决于改革与既有的实践和文化是否具有一致性。需要重点指出的是，只有当一项改革是由相关者提出时，人们才更有可能对这项改革表现出强烈的奉献精神。

此外，每一个人都习惯生活在自己熟悉的范围和习惯的经验中，在这范围内便会觉得安心和自在，而一旦逾越界线便会感到不安，缺乏安全感，因此，很多人为了舒适、稳定的生活都宁愿留在自己的"安全地带"中。在此基础上，校长首先加强对新角色的认同感，在实践中逐渐消除不确定感，跨越改革的心理障碍，循序渐进地推进自身角色的转变。

有一个问题需要特别注意的是，很多校长在推行新课程改革的过程中，很容易一开始轰轰烈烈，角色转变的也快，然后很快悄无声息，虎头蛇尾，最终又恢复到原样，打着新课改的旗号，却依然走强化管理的老路。这是应该警醒的。

而且，很多校长在进行课程改革时，总是强调即将实施的计划的完美性以及对原有状态的"根本性超越"或"根本性转向"，将现状描述得一文不值，将前景描述得异常完美，但在改革过程中一遇到阻碍便变得畏首畏尾。我们需要认识到的是，新课程改革并非一蹴而就，越是覆盖面广，涉及多个主体，意义重大的改革就越需要时间，特别是在中国经济发展不平衡，地区教育水平差异大的情况下，阻力也会相应地变大，只有掌握一定的技巧，设置具体的、富有挑战性的、现实的目标，激励校长进行角色转变的动机，才能带动新课程改革的逐步深入。

（2）加强角色认知，强化服务意识。

管理就是服务，这一理念受到了大多数人的认同，是更高层次的、更具时代和认可度的管理，是一种建立在规范之上的体系化的服务。校长应树立这样一种思想，那便是"管理即服务"的思想理念。

在具体学校场域中，管理的核心是培养人的文化素质，塑造完美人格。管理活动所代表的是具有精神性的、有价值的实践活动。教育的对象是人，因而教育管理更要注重体现对人的关心，并为那些重要的价值提供服务。校长只有充分认识到自己角色的服务性特征，科学的对角色进行定位，把握好作为服务者应承担的责任，这样才会以一种平等的心态对待教师和学生；才会在处理角色矛盾时有坚定的选择标准，进而做出正确的利益取舍；也才会兢兢业业，恪守本分，不追求个人名利，不为个人的利益而迷失自我；也只有这样，才能真正地为教师和学生进行换位思考，急师生之所急，处处想他们所想；才会时刻在心中牢记为他人服务的信念，为其提供更好的服务。总的来说，所谓加强角色认知，强化服务意识，一方面，是要为学生的学习提供良好的学习环境，让他们快乐学习的同时能够掌握更多的知识，培养他们成为全面发展的人才，为学生的学习和发展做有益的事情；另一方面，是要为教师提供良好的工作环境，为教师的专业发展提供保证，为学校的发展多做有益的事情。

2. 充分运用智慧，在超越现实局限过程中把握创造空间

很多校长认为，文化和社会环境的限制是他们无法完全实行角色转变的一个主要原因，即"文化和环境障碍"。以"减轻中小学课业负担的问题"为例，国家三令五申，可到学校还是令行难止。因为整个社会的氛围就是过分关注高学历；家长们认为把孩子送到学校就是为了将来能考个名牌大学；而能培养出几名考上名牌大学的学生是政府评价学校、学校评价教师的重要尺度，考试文化蔓延，一切围着分数转，这种畸变的环境确实给校长带来了很大的压力，也使新课程改革的推进陷入困境。还有的校长谈到，外界的（尤其是上级行政部门、社会舆论和家长）的评价标准往往主导了自己的行为，有时虽然知道一些做法确实不利于学生成长，但鉴于外部标准压力，却不得已而为之，这也是环境带来的压力。因此，在社会条件还不够充分的情景下，校长如何打破这种依赖性束缚、坚守自己的社会责任感和使命感，完成自身角色的转变，如何在教师、学生、家长等各方面都能接受的基础上推行新课程改革，进而推动学校发展，这是一个需要校长们认真思考的问题。

3. 重视学习和沟通

校长角色的转变需要加强自身学习，提高专业知识，同时也离不开教师的理解和支持。现在大多数学校的改革都是以政策实施为主导、自上而下模式开展起来的方案，这样不仅会增加教师的工作负担，同时也会因侵犯了部分教师的教学自由和教学习惯而倍受质疑。教师是改革的中坚力量，校长在实施改革的过程中，通过让教师学习和了解有关改革的理念、与之达成共识，并且通过沟通建立相互信任和理解的过程是非常重要的。学习的过程也是解读、沟通、再次创造的过程。

因此，面对改革时，校长更需要及时而又艺术的沟通，但沟通也需要有效的保障。现实情景中，有一种情况经常发生：校长和教师之间发生了沟通的形式，但并没有达到沟通的实质效果，这会让教师产生强烈的挫败感，教师会认为沟通是无效的沟通，自己的想法并未受到重视，这会让沟通适得其反。总的来说，沟通虽然不能总是直接解决问题，但通过沟通分享了信息、了解了不同人的思想，便可以促进人与人之间更多的理解和信任，这也是校长实现角色转变的一个重要过程。

三、制度保障

完善的制度能够保障校长角色转变的真正实施，这里的制度，既包括刚性制度，也包括柔性制度的保障。过分强调刚性制度会限制学校成员，包括校长和教师潜能的发挥，导致思想和行为的僵化，不利于新课改的有效实施，而过分强调柔性制度，则不利于评价的量化。只有将两者汇聚，形成合力，才能为校长实现角色转变、顺利推行新课程改革保驾护航。

1. 完善组织结构

学校组织结构涉及学校的职能分配、任务分工及与此相关的评价、考核和反馈机制等。合理的学校组织结构能使学校各职能部门为学校的共同目标达成很好的分工和协调，通过评价、考核等控制手段及时反馈，保证目标的实现。学校管理制度则通过强制性的规定和条例约束教师和学生的行为。当前人们对学校组织形态的研究意见大多把矛头直指科层组织上，似乎科层组织是造成学校所有管理问题的源头，学校要想获得良好的发展必须取消科层制。这无疑走向了另一个极端。但是，以往学校仅仅运用科层制，忽视了教育组织的主要特征，因此，建立适应的中层组织结构非常重要且必要。新课程改革给传统的学校管理方式提出了挑战，学习管理模式必须改革。随着课程改革的深入进行，导师制、选课制、走课制、学分制纷纷出台，既要保证学校科层机制运行的高效性，又要保证学校内专业活动的独立性和自由性，不能用权威压制专业精神。因此，校长需要主动与全校成员进行有效的沟通与协商，首先削减不需要的部门或者合并功能相似的部门同时增加必要的部门，改变传统垂直传递信息的组织沟通方式，实现管理重心下移、责权下放，使得每个部门都能主动投入、释放潜能。

2. 建构紧密联结的文化

所谓学校文化，是指一所学校全体成员在一段时间内的共同产物。它是一所学校内部所形成的为其成员共同遵守并得到同化的价值体系、行为准则和共同的作风的总和。物质上的差异并不能体现出学校与学校之间的差异，文化才是差异的本质。任何学校都有自己的独特文化，它不仅反映了一所学校历史的积淀，更是投射出现实发展的主题。先进的学校文化对学校的发展、教师的发展和学生的发展都有着深远而积极的影响。

学校文化在学校中的影响非常持久，深入人心，同时也难以改变。但学校文化并不会自动生成，它需要人为地、有意识地去建设。因此，校长要学会建设紧密联结的、共享的、合作的、信任的学校文化。首先要明确学校文化建设的方向，其次塑造以学生为中心的文化，满足学生的发展需要，同时塑造教师互助合作的文化，最后营造新的课程文化。优质的学校文化是一种软规范，是一种将文化的力量转化成为影响学校成员坚守信念、恪守价值观的柔性制度。

用文化的力量凝聚人，学校才会拥有一种被全体成员认同的文化，全校师生才能在这种文化机制中一起为共同的愿景努力，对学校具有高期望并不断追求卓越。校长犹如学校之船的舵手，领航是否得法关系到办学的成败，关系到学校的未来发展，因此，校长角色功能的发挥与国家教育的改革和发展密切相关。当今的中小学校长所面临的是快速变化的信息时代，也是教育生态急剧变化的时代，所以，校长要敏锐地感知教育改革潮流的脉搏，改变传统的观念，准确把握自身的角色，引领学校走向新世纪的中国教育之路。

第三节　校长在课程建设中的重要性及功能

一、校长在课程建设中的重要性

校长，顾名思义是一校之长，学校的教育目标要由校长通过积极的引导组织才能实现。对任何学校的成功而言，校长在学校中的地位和功能是极其重要的。

1. 三级课程管理需要校长在课程建设中发挥功能

课程政策是复杂而有争议的，我国新课程改革一改以往课程政策由国家层级制定并依靠由上而下的行政命令方式来推行和实施的做法，实行三级课程管理。不论是国家课程政策、地方课程还是学校课程，最后都要由教师将其转换为课堂中实施的课程和学生的知识。然而，国家和地方课程政策可能缺乏对行动和实践的理解和描述，教师对课程政策的理解、对目的与手段间的关系，又或多或少是基于猜测和自身的课程理念等，这些就可能使课程改革停滞于课程决策和课程实践的割裂和对立。因此，校长应担负起三级课程管理政策赋予校长的职责，能够整合国家、地方、学校和班级各个层次课程功能，在开发校本课程的同时，要提高自身的课程素养，敏于反思，充分理解各级各层课程决策，并使其很好地融合到学校课程中来。

2. 学校的课程发展需要校长发挥相应的课程功能

课程是教育的心脏，一切的教育改革最后都要落实到课程上。一套高质量的课程对于追求卓越的学校而言，乃是一项重要的因素。适切的课程目标、良好的课程内容是使教师达到好的教学效果的前提条件，若无良好的课程内容，即使再好的教学方法，到头来还是可能导致一些质量低劣的学习成果。因此，校长除了要关注教师的教育理念、教学方法以外，还应该统领学校的课程，把握学校课程的发展方向，为教师的教学创造好的课程基础。

3. 学校效能的提升需要校长发挥课程功能

校长在学校的整个领导效能上，具有关键地位。教师对课程的把握需要校长的领导，即使在最佳的教师领导模式之中，也必须靠校长不断地提供必需的领导，才能发挥最大的效用。校长所发挥的强而有力的领导，是决定课程领导成效的关键，校长是否采取主动积极的引导式风格，与课程能否有效实施息息相关。

二、校长在课程建设中的应有功能

三级课程管理理念对中小学校长提出了更高的要求。校长必须具备一定的课程哲学观、课程知识以及明确的办学理念，并能够通过引导、组织的行为促进学校成员的专业发展；校长必须是课程与教学的行家，在课程变革中能够积极推进一系列的课程开发与课程决定的活动，包括校本课程的规划、设计、实施和评价等，为学生提供适当的学习计划和发展机会。但是校长不需要直接参与学校课程的设计与实施等建设工作，而是按国家或地方的课程要求，在学校愿景及文化的建立、管理制度、人力资源调配、教师培训及策动、社区及外界联系、学生和学校改进的评鉴各方面，担任主导、倡议和协调的角色，做出各项支持和策划。因此，笔者选取了校长作为课程建设的促进者，在课程设计、课程实施、课程评价等建设过程中，对应该发挥的三个主要功能进行研究。

1. 建构学校的共同愿景

一个可行的课程基建于一个有共识的课程发展愿景。因此，学校教育人员，尤其是校长在设计学校课程时，首先要对学校的整体生态环境和课程发展现状作全面和客观的分析，掌握学校的强、弱项和发展需求，让全体教师在平等对话、沟通、协商的基础上，共同制定新课程愿景。"愿景"源自拉丁文，其本义是"看见"的意思。从字面上看它涵盖了两层意思：一是"愿望"，是有待实现的意愿；二是"远景"，指具体生动的景象，是想要实现的未来蓝图。简单来说就是一幅关于未来的图画。愿景与目标、目的、使命等不同，目标、目的偏向于政策性、命令式表述，而愿景则部分是分析性的，部分是情绪化的，比目标更人性化，内涵更丰富，提出愿景的陈述是生动的、难以忘怀的、鼓舞的、富有意义且简短的。愿景分为个人愿景和共同愿景，学校的共同愿景（shared vision）是学校所有成员，包括学校行政人员、教师、学生及家长，甚至小区人士等，对学校教育发展共同的期望，共同努力达成的教育理想图像。共同愿景是组织中个人愿景交集的部分，来源于组织成员个人的愿景又高于个人的愿景，是建立在组织及其成员价值和使命一致基础上的共同愿望和理想，其最简单的说法是：我们想要创造什么？

共同愿景是清晰的、形象的，其根本的作用就在于让组织内的每个成员都明白组织未来的发展前景并且从中得到激励。

（1）共同愿景来源于学校的教育理念。

教育理念体现了理念和实践的密切结合，是学校发展的理想目标。共同愿景是在学校的教育理念的基础上，以教育理念为依据，对未来发展的形象化表述。

（2）共同愿景来自于组织成员内在的需要。

即是说组织成员自愿达到的目标或实现的理想，是大家共同协商的结果，并为大家所认可的，而不是自上而下的、外在规定的、不能体现教师民主意愿的目标。

（3）共同愿景的建立应充分考虑本校的历史和现状，突出自身的特点。

共同愿景虽然是理想的，但也必须植根于现实。这样的愿景才能真正实现，从而给教师带来更大的动力。校长在课程建设中应发挥自身的功能，为学校成员服务，提供一个大家共同探讨的平台，引导、协助学校成员构筑共同愿景。共同愿景的分享并非一蹴而就的，它需要个人愿景的互动成长。

因此，校长应该给学校成员提供机会，让大家不断地交谈、沟通、分享，表达他们各自的梦想，在彼此交流之后融汇出更好的构想。最直接的方式可以是由具有愿景意识的领导者，提出自己的愿景，与其他成员分享沟通，即由个人愿景建立共同愿景；也可以是校长带领学校全体成员，每人用几个词语来形容概括自己理想中的学校的图画，从中抽出出现频率最高的几个词语，作为学校今后发展的一个愿景描述。当共同愿景形成时，就变成那是"我的"愿景，也是"我们的"愿景。

2. 引导教师专业发展

课程不能独立于影响教育质量的因素而设计，课程实施也不例外。教师是课程实施的核心因素，教师专业能力的发展直接关系到提升课程实施的效果。

校长在课程实施中要发挥有效的功能，可以通过引导教师的专业发展来实现。正如利思伍德和蒙哥马利（1998）的研究显示："……校长行为促进教师在各方面必要的提高，从而间接影响学生学习或冲击影响这种学习的已知因素，这些都是日益'有效'的。"

在瑞典，校长的教育专业领导包括三个层面：一是领导教学革新，二是领导教师专业发展，三是领导教师对国家课程与学校目标的反省。瑞典校长的教育专业领导对我国校长在课程中的功能发挥具有借鉴价值。我国新课程的实施要求学校成为一个生长发展的园地，学校最根本的生命线是学生的发展，但学生的发展并不意味着必须牺牲校长和教师的发展，相反，只有校长和教师真正发展了，学生才能得到真正的发展。因此，校长在学校课程建设中应关注教师的专业发展。

教师专业发展是指作为专业人员的教师在教学专业上不断成长的过程，通过这一过程，教师得以更新专业结构、提升专业水平、获得持续发展，它包括职前教师的培养、新教师的入职辅导和在职教师的持续进修这三个有机统一的阶段。这一界定包含如下几层意思：首先，教学是一门专业，教师是专业人员；其次，教师的专业发展要以终身学习的思想为指导，教师是持续发展的个体；最后，教师专业发展以求得教师专业结构的丰富和专业素养的提升为宗旨。

教师的专业发展是课程改革的关键，也是新一轮课程改革迥异于以往课改的突出特点。教师的专业发展与课程改革是互动的，它为课程改革提供了一个新的生长点。引导教师的专业发展，可以从几个方面入手：

（1）促动教师自主更新观念。

新课程要求教师的观念必须与时俱进，树立符合新课程改革需要的新理念。具体而言，课程改革新理念主要包括以下四个方面：

① 新的课程观。课程改革之前很多教师缺乏课程意识和认识，把课程等同于教材，等同于课或学科。新课改要求教师首先要把握课程的深刻内涵，课程是一个过程，是一种结果，更是一种意识，一种经验。它强调自然、社会及课程体系的有机统一，意味着自然即课程、生活即课程、社会即课程、学校即课程、自我即课程。这就要求教师在教学过程中，变"教教材"为"教课程""用课程"。

② 新的目标发展观。教师要从只注重知识的"贩卖"与应试能力的单项训练，转向注重学生的全面、和谐与可持续发展，以科学发展观指导学生教育工作。

③ 新的教学观。课程观决定着教学观，而新课程改革的着力点在于教学创新。教师要想融入课改的实验和实践中，必须改变传统的教学观。改变单项灌输式的教学方式，师生之间、生生之间平等对话，建构一种动态的、生长性的"生态系统"和完整文化。

④ 新的评价观。要求突出学生评价的发展性功能，关注学生的个体差异；拓宽学生评价的内容，综合评定学生的素质和能力；促进学习、教学与评价的一体化进程；重视学生的自我评价，注重多主体间的交流与协商；采取质性评价方法，倡导学生评价方法的多样化。由此改变过去僵化的评价方式，真正将学生视为"有智慧、有尊严的生命个体"。

（2）促动教师自主转换角色。

新课程理念的实施使教师以往的传统角色已远远不能适应课程的发展，教师需要完成一系列的角色转换才能使新课程理念有效运行。

① 从"消费者"变成"生产者"。三级课程政策的出台，教师拥有了一部分课程开发的权力，成为课程开发的主体之一，教师不再仅仅是课程的实施者和消费者，而成了课程的生产者和设计者。

② 从"教书匠"变成"研究员"。教师在新课程改革中改变以往只作为传递既定信息工具的角色，在经验中学习，对教育实践中的问题进行多层次、多角度、多学科的分析，称为"反思的实践者"。

③ 从"施教者"变成"引导者"。教师不是圣人，教师的角色不应是高高在上的，而应引导学生走进课程，至于学生学什么、怎么学完全在于他们自己，教师更多的是一个引导者。

（3）促动教师能力的提升。主要表现在三个方面：

① 教师教学能力的提升，教师要理解、领会和能够运用新的教学理念和方法，提高新课程的实施能力。

② 教师课程开发能力的发展，这种课程开发能力对大部分教师来说，是其职业生涯中的新要求和新发展方向。

③ 课程与教学评价能力的发展，尤其是学生评价和教师自我评价能力和

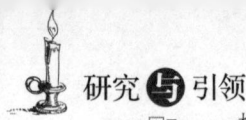

评价方式的更新，已经越来越构成新课程改革的实施瓶颈，社会和学校对评价的关注度随着课程改革的推进在不断升温。

教师的专业成长不仅需要教师个人有专业成长的意识，更需要校长对教师团体专业成长提供好的机会和环境。校长不仅要理解教师专业发展的重要性，更要了解教师专业发展的历程，在不同阶段，给予教师不同的关注和支持。目前，提升教师专业发展的途径有很多，如，PDS（Professional Development Schools，专业发展学校）和TDS（Teacher Development Schools，教师发展学校），以中小学为基地，大学与中小学合作建设，实现教师专业发展；改进学校教研组的教研活动，组织教师互相听课、听优质课、示范课、观摩课等学习教学技能、教学方法，并开展校本培训；重视校际交流和合作；加强与社区、社会的融合，教师主动与社会融合开发课程资源；举行优秀教师教育教学思想研讨会，大家参与讨论、总结，从总结中得到启发等。

3. 改善学校文化氛围

学校的管理者以不同的信仰、价值观和生存样式造就了不同的学校文化。学校文化的设计从某种意义上说是对校长办学理念的诠释。我国正在进行的基础教育课程改革，不仅使得课程本身发生了很大的变化，而且对于学校文化也是一场革新。校长作为三级课程管理体制中学校层级的关键人物，也理应成为学校文化的积极支持者和建构者。

学校文化是指学校中的主体在整个学校生活中所形成的具有独特凝聚力的学校面貌、制度规范和学校精神气氛等，其核心是学校在长期办学中所形成的共同的价值观念。人们对学校文化内容的分类有着不同的见解，就传承文化的主体而言，笔者将其分为三大类：教师文化、学生文化、课程文化。改善学校文化氛围也应从这三个方面进行。

（1）改善学校教师文化，建立伙伴式的团队文化。Hargreaves（1992）分析了四种教师文化：

① 个人主义文化，特征是相互隔离，各自埋首于自己的课堂事务。

② 分化的文化，特征是工作分立，互相竞争。

③ 合作的文化，特征是开发及互相支持。

④ 硬造的文化，特征是按上级的意图及兴趣行事。

在这四种教师文化中,个人主义的教师文化与分化的教师文化,仍然是一般学校最为常见的教师文化。

在现今课程结构发生变化,学科界限日益模糊、学生共通能力的概念被广泛提出的课程改革中,营造教师间的协作文化势在必行。校长要具备相应的专业知识、敏锐的观察力和不断自省的能力,与教师和睦相处,带领学校教师建立伙伴式的团队文化。集体备课、同时观课是值得尝试的途径。

伙伴式的团队文化涵盖两个层面的含义:一是学校内教师间的伙伴协作团队文化,教师间以一种坦诚相待、对事不对人的态度,共同探讨有关课程的问题。二是建构专业团体与学校之间的伙伴协作关系,大学学者团体的知识底蕴与教师的教学实践相结合,必定为学校的发展锦上添花。校长只要本着与学校教师共同改善教学的信念,踏实地实践,就可以对教师发挥自己的影响力。

(2)引导学生文化正确发展,建立平等、合作、交流、共同提高的学生文化。

学生文化是指学生群体所表现出来的特定的价值观念、思维方式、行为习惯等。学生文化是学生特殊心理发展阶段与社会环境相互作用的产物,是学生团体内自发产生并影响学生发展的文化。如果把课堂教学看作是显性课程的话,那么学生文化就是影响学生身心发展的、重要的潜在课程。然而,学生文化在形成的过程中也会存在一些问题。如在教师、家长、社会人士、教育评价等对成绩的重视的影响下,学生也开始把成绩看作自身发展的唯一标准,学生间存在一种竞争意识,只有在考试中战胜别人,才能成为佼佼者,这种文化长期存在。再如,由于学生在成长过程中与成人在认识事物和理解事物时可能存在差异,学校中还可能存在反学校文化的现象。面对这些问题,校长必须发挥影响力。虽然在学校中学生与校长直接接触的时间相对较少,但校长仍然应该尽可能多地利用各个时间走进学生群体,如在午饭时间与学生一起用餐,了解学生的思想动态,通过教师或全校集会等表达自己的思想,引导学生正确看待人和事,鼓励同学之间的交流和合作。

(3)改进学校的课程文化,形成植根于本土、和谐、宽松的课程文化。

课程文化是以群体间的关系和活动为载体,教师和学生中任何一个方面的活动及所体现出的文化特征,无不在课程文化上有所体现。课程文化有两方面的含义:

① 课程体现一定的社会群体的文化。

② 课程本身的文化特征。

它是社会文化、学校文化在课程中的集中体现。传统的课程政策是自上而下的、统一规定的，课程受制于"法定文化"的规范，课程是作为文化传承的工具而存在的。从课程目标、课程内容到课程实施，课程都以最大限度地运用、掌握、占有"法定文化"为目标。此外，在课程建设中存在的"主流中心课程"、课程中存在的性别文化等文化锁定都造成了课程的文化性缺失。文化是课程建设的基础，任何课程建设都受一定的文化环境所制约。学校的课程开发是由处于一定社会文化的人来进行的。所以，学校的课程建设可能随学校所处特定文化的变化而不同。因此，校长作为课程总设计师，应该让学校课程回归其赖以生存和衍生的本土文化的母体中，与学校中的个体相融合，真正体现教师、学生的意志。同时，校长还应该以身作则，尊重教师和学生，给予他们充分展示自己个性的机会，营造宽松和谐的课程文化。

附 录

金水区文化绿城小学课程规划总体方案

一、校情分析

文化绿城小学是2005年成立的新学校，虽然没有悠久的历史，但具有新建校的高起点和活力。学校历经12年的风雨磨砺，见证着金水区教育事业的快速发展。从建校第一年的4个教学班、18余名教师发展到现在55个教学班，在职教师170余人，在校学生4300余人。其中中小学高级教师1人，中小学一级教师59人；已取得研究生学历5人，大学本科学历127人，大专学历38人，郑州市骨干教师4人，河南省骨干教师1人，国家级骨干教师1人。

学校以"立德、立志、立身、立行"为校训，以"立雅求美，绽放幸福"为办学理念，在长期的教育教学实践中，形成了"求真尚善、典雅向美"的校风，"温文尔雅、简美艺精"的教风，"合学共进、美人美己"的学风。学校以开放性、民主性的品质，终身发展的意识，使学生真正做到行起于正、行于美、至于雅，为其终身学习打下良好的道德基础和创造成功的机会。

教育教学质量是学校工作的生命线。文化绿城小学以全面提高学生整体素质为目的，把学校办成"学生信任、家长放心、社会满意"的现代化重点窗口学校。

这些年来，文化绿城小学以质量赢得广泛的社会声誉，也得到了社会各界的充分肯定和高度赞扬。学校先后被评为全国百家书香校园、河南省校园文化十大先进单位、河南省先进家长学校、河南省示范家长学校、河南省诚信办学先优单位、河南省校园文化艺术工作先进单位、河南省廉政文化进学校示范点、河南省防震减灾科普示范学校、郑州市教科研先进单位、郑州市电化教育先进单位、郑州市红领巾示范学校、郑州市社会实践活动先进单位、郑州市校务公开工作先进单位等。

二、办学理念、培养目标和办学特色

（一）办学理念

以雅立情，以雅立德；以美凝智，以美凝趣。显雅美精神，创雅美文化，构雅美课堂，现雅美课程，塑雅美教师，育雅美学生。

雅：温文尔雅　雅人深致——态度温和，举动斯文，人品高尚，情趣深远。

美：各美其美　美美与共——多元多彩，展现真美，美美相融，实现大同。

（二）培养目标

实施雅美教育，培养"文质彬彬、绿意盎然"的文绿学子，让每一个孩子都能享受快乐童年。

文质彬彬——文：文采；质：质朴；彬彬：形容配合适当。形容人既文雅又质朴。寓意文绿学子要"文质彬彬"，既要有丰蕴的文化修养，又要有质朴的性情。

绿意盎然——绿：绿色；盎然：充满生机的样子。形容一片绿色，生机勃勃的样子。寓意文绿学子既要有蓬勃向上的朝气，又要有雅美并行的素养。

（三）办学特色

从"双语特色"的定位确立开始，"文绿人"着眼未来、走向世界的梦想已了然于胸。2008年，"中英校级联线"迎来了第一批英国校长的实地考察与指导；2010年，新加坡智轩教育集团走进文绿，以"中新项目实验班"为辐射点，带动学校文化、英语特色的深入发展。中新教师的理念共享、文化碰撞、教学研讨，使文化绿城小学走上一条国际化的办学之路。2012年，文化绿城小学的葫芦丝社团、空竹社团远赴丹麦、美国夏威夷参加"中国文化年-青少年艺术展演"活动；文化绿城小学的靓靓管乐团获邀参加了澳大利亚的"金水区教育中国年"活动。

三、课程设置与课程结构

（一）课程指导思想

在金水区"多元、开放、富有活力"的课程体系建设背景下，基于学校"立雅求美，绽放幸福"的教育理念，构建"雅塑行、美怡情"的"雅美"的课程体系。雅是内在品质，指胸襟开阔，气量宽宏，品德高尚，温文尔雅；美是外在表现，指语言优雅得体，行为端庄大方，有礼有节，各美其美。通过课程的实施，最终达到高尚的情操在校园萌生，良好的习惯在校园养成，美好的品质在校园塑造，形成生动、活泼、健康、童趣的课程文化，促进学生全面素质的提高与个性健康发展，达成学校特色发展、教师专业发展、学生个性发展的和谐统一。

（二）课程设置目标

学校课程设置的目标指向学校、教师、学生三个层面。

（1）学校特色化发展目标：以"立雅求美"为宗旨，播下情感的种子，生长爱的大树；洒下知识的甘露，汇聚智慧的海洋；培养雅趣情智，促生国际公民。

（2）教师专业化发展目标：教师的课程意识整体提升，课程建设能力普遍提高。教师在设计课程、规划教学活动和选择教材时，应有充分的自主性；教师应具有自我专业发展的意识，把外在的影响转化为自身专业发展过程中的动力。

（3）学生个性化发展目标：重视学生品德与"双基"，关注学生兴趣与爱好，专心好学，深刻思考，创造性地运用所学知识，使学生成为具有民族意识、有文化根基、有国际眼光、有教养的未来国际公民。

（三）课程设置原则

1. 目标特色性原则

以特色学科建设作为课程促成学校课程文化的形成。

2. 传承延续性原则

传承中华民族优良的传统文化，并在学生身上打下烙印。

3. 核心互动性原则

以"文质彬彬，绿意盎然"的育人目标为核心，形成国家课程和校本课程的互动共生。

4. 自主实践性原则

校本类课程以教师自主开发，学生自主选择为主，强调课程实践性与操作性相结合的原则。

（四）课程框架结构

好的课程设计和架构，是学校迅速发展和崛起的关键。结合学校核心教育理念和国家课程、综合实践课程及校本课程，规划了学校的"雅美"课程体系。

"雅美"课程体系分"核心课程"和"发展课程"两大类，其中"核心课程"是国家课程，"发展课程"是校本课程。

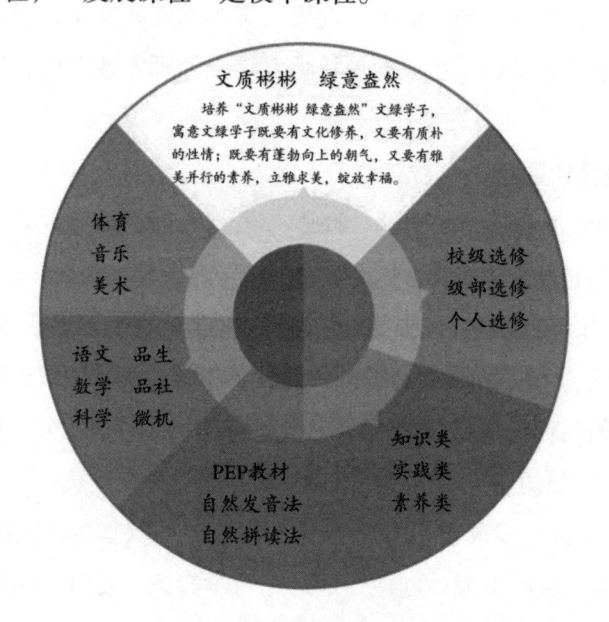

文质彬彬 绿意盎然

培养"文质彬彬 绿意盎然"文绿学子，寓意文绿学子既要有文化修养，又要有质朴的性情；既要有蓬勃向上的朝气，又要有雅美并行的素养，立雅求美，绽放幸福。

体育 音乐 美术

校级选修 级部选修 个人选修

语文 品生
数学 品社
科学 微机

PEP教材
自然发音法
自然拼读法

知识类
实践类
素养类

科目或领域	年级					
	一	二	三	四	五	六
语文	9	9	9	9	9	9
英语	4	4	6	6	6	6
数学	5	5	4	4	4	4
品德与生活	2	2				
品德与社会			2	2	2	1
科学			2	2	2	2

续表

科目或领域	年级					
	一	二	三	四	五	六
信息技术	2	2	1	1	2	2
音乐	2	2	2	2	1	1
美术	2	2	2	2	1	1
体育与健康	2	2	2	2	2	2
综合实践活动			2	2	2	2
地方			2	2	2	2
周课时总数	26	26	30	30	30	30

四、国家课程校本化实施

在学校课程体系中，国家课程是核心课程，课时所占比重最大。因此，国家课程是学校最关注、投入研究最多的课程。在国家课程实施中，学校没有做"忠实的执行者"，而是抓住新课程赋予学校的课程权利，创造性地开展了国家课程校本化研究。国家课程从"国家"走向"学校"，经历了一个复杂的动态、校本化的过程，涉及教材的调整、组织方式变革、知识内容的拓展等多个方面，是学校层面对国家课程的"再加工"。

文化绿城小学语文学科的"美文凝萃"、数学学科的"破冰课程"、英语学科的"童话英语"是国家课程校本化开发的重要成果，形成了具有校本特色的课程链条。

1. 对语文学科的改造——凝萃之旅

文化绿城小学语文学科校本化实施的思路是"美文凝萃，以读促写"。语文教学要根植于课本，而又不能囿于课本；立足于课堂，而又不能局限于课堂。教学中，教师必须采用灵活的方式拓展教材，加深学生的情感体验。除了苏教版教材，学校开发了补充教材《别样的精彩》，主要采取两种方式进行编排。

（1）围绕作者拓展教材。

我们可以将一作者的多篇文章放在一起比较阅读，这可让学生把握文章的异同点和作者作品风格。如六年级上册教材中的《山谷中的谜底》和《哲学家的最后一课》的作者都是刘燕敏。《山谷中的谜底》讲得是一种生存的智慧；

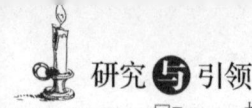

《哲学家的最后一课》则向我们展示了教育的智慧并启迪我们如何去净化心灵，提升自己的人生境界。作者将深奥的道理通过浅显的形象进行描述，直观地展现在人们眼前，表现手法相当高明。在学完这两篇课文的基础上，教师可以组织学生课外阅读刘燕敏的《自信的价值》《母亲与家长会》《感谢你的敌人》等启迪智慧的文章，让学生在感悟文本受到启迪的同时也在享受着作者的智慧。

（2）围绕主题拓展教材。

文化绿城小学以苏教版语文教材的单元设计为主线，综合"人教版语文教材""北师大版语文教材"中的优秀篇目和部分优秀课外读物，围绕同一个能力点进行甄选编排，汇集成主题式单元阅读材料，如同把玉盘中大大小小的珍珠用不同的丝带串连起来，让学生通过有主题、有目标的美文阅读，经过文章结构的类比、写作技巧的归纳，进行仿写，从而提升自己的写作水平。

如苏教版教材一年级到六年级，与"花"有关的文章有《看菊花》《荷花》《花瓣飘香》《茉莉花香》《广玉兰》《夹竹桃》等。从写作的角度来看，有的是叙事，有的是抒情，有的是描写与抒情交织在一起，有的是叙事与揭示生活的哲理相融合。在教学六年级《夹竹桃》时，我们可以再次温习以前学过的与"花"有关的课文，课后再补充一些写花的短文，让学生感悟同样是写花，不同的作者采用不同的表达方式，所产生的不同的表达效果。

2. 对数学学科的改造——破冰之旅

开设《数学破冰课程之一·数学识字》，先识字，再学习数学。鉴于一年级数学出现的诸多生字（据统计大约80个）在语文教材中并没有出现，即使有些出现了，也是在文学情境中，与数学的表达方式相差太远，我们开发的《数学识字》，通过把生字放到数学情景中去识字，配以生动有趣的故事和游戏，让学生们先识字再学习数学，学生们感到学习数学好玩并产生和持续保持对数学的学习兴趣。

在《数学破冰课程之二·动动数学》是以培养小学生数学兴趣为出发点，探索小学数学教学模式由"打基础"转向"育兴趣"，由"讲和授"转向"玩中学"，由"学科教学"转向"活动体验"，以此实现育人模式的转变，实现高效率的课堂。

苏霍姆林斯基曾说过，"儿童的智慧在他的手指尖上。"数学是做出来的，学生只有亲历知识的发现过程，才能真正理解和掌握知识。一年级学生年龄小，好动，好奇心强，动手操作容易吸引学生的参与，如果让学生在活动上亲手动一动，则胜过教师一遍又一遍地讲解。正如华盛顿国立图书馆的墙壁上的三句话："我听见了，但可能忘掉；我看见了，就可能记住；我做过了，便真正理解了。"

本着以数学课本为依托，结合所学单元知识为依据；以数学游戏活动为载体；以发展学生数学思维为目的，特开展《动动数学》校本课程。《动动数学》根据课本上每个单元学习的内容开展有针对性的数学活动，以游戏的形式承上启下地进行安排，以寓教于乐的学习模式进行活动，使学生在动手操作以及趣味游戏中走进数学王国。

"动"是《动动数学》的一大特点。学生的手在动，脑在动，看似在玩，但玩中有目的、有要求、有主题、有规则，学生在互问互答、自问自答、反复操作，将自己融入了数学王国之中，不再认为数学是枯燥无味的数字而恐惧数学。没有了压力，学习当然变轻松，学生们也在活动中玩出数学兴趣、玩出数学能力、玩出数学思维！

从在纸上"做"数学，到动手"做"数学，再到动脑"做"数学，数学不只是写在纸上，数学还在学生的小手中。小手动一动，探索的知识装进脑海中；小手动一动，数学就在学生的生活中！

3. 对英语学科的改造——童话之旅

随着素质教育的不断深入，文化绿城小学充分利用现有的师资优势，对英语这门学科，采取了国家课程的校本化实施。通过对主教材PEP英语的研读、现有资源的整合与二次开发，形成了适合学生的——《童话英语》，这也是为了适应新课程教育理念，同时也是对现有主教材PEP的有利补充。

《童话英语》的主要内容是选自英美等西方国家的经典语音教学的教材与原版儿童绘本故事。其形式活泼多样，反映了英美国家儿童的童年生活与缩影。文化无国界，童年一样精彩，这些充满节奏感的歌谣、歌曲、绕口令与原汁原味的绘本故事，不仅潜移默化地将学生带进富有童趣的英语世界，让他们喜爱英语，同样也能滋润着学生们的心灵，激发学生们对人类语言文明的向往。

（1）《童话英语》分为3个部分：单元目标分享、快乐语音、绘本世界，这是对现行主教材的有力补充。

单元目标分享——结合PEP主教材、快乐语音、绘本世界等3个方面的学习要求，制定出每一单元新的单元目标。

快乐语音——通过歌曲、诗歌、歌谣等多种形式，让学生通过语音的学习，达到"见词能读"的目标，帮助学生建立强烈的学习成就感。

绘本故事——英文绘本作为小学英语课堂教学的极佳载体，以其特有的精妙绝伦的语言文字和色彩明快的画面，给学生营造了一个个梦幻奇妙的世界，激起了学生极大的阅读兴趣，丰富了学生的语言内涵，为单调的语言训练带来了鲜活的生机，为小学英语课堂教学开辟了一个更为广阔的空间。

（2）《童话英语》内容涉猎广泛。主要涉及孩子们童年的一些话题，与孩子们的生活习性相关，更是让孩子们爱不释手。

（3）《童话英语》教学形式上与内容完美搭配。我校采用的是TPR教学法，其要求孩子们动起来，做起来。真正地参与到学习中来。同时，这种形式也大大降低了学生学习的难度，使学生在轻松的氛围中学会英语。

五、综合实践类课程

综合实践活动课程对丰富学生的经验，形成对自然、对社会、对自我的整体认识，发展创新精神、实践能力，以及良好的个性品质，都具有重要意义。

（一）指导思想

文化绿城小学以素质教育理论为指导，全面贯彻和落实上级部门的有关要求，结合学校特色，以人为本，以创新为核心，以质量求生存，以特色求发展，以培养学生创新精神和实践能力为重点，深化素质教育，适应学生个性发展和社会需要；以学生的直接经验或体验为基础，以"实践、创新、发展"为主线，有效地提升科技模型教育的丰富内涵，让学生尽早地通过学校科技模型特色教育活动，学会在观察中思考，在实践中体验，在探究中创新，拓展知识和技能，锻炼、提高分析问题和解决问题的能力、自主实践能力、正确对待挫折和克服困难的能力，激发和养成艰苦奋斗、创新探索、勇于拼搏、不断进取、团队合作的精神，通过不断的学习和努力，突显学校办学特色。

（二）遵循原则

1. 遵循系统性原则

要系统思考，站在课程建设高度编制发展规划的方案，通过方案对课程实施的内容、方法、步骤、措施、组织、评价以及课程内容开发、课程资源利用、教师培训、学生能力发展的渐进性等方面进行整体和长期规划。

2. 课程设置遵循整合性原则

在进行课程设置时，要整合不同学科的课程资源，并将综实课程的四个指定领域（研究性学习、社区服务与社会实践、劳动与技术教育、信息技术教育）有机整合，避免出现单一条块分割现象。

3. 课程实施倡导研究性原则

综合实践活动主要以学生的兴趣和直接经验为基础，以与学生学习生活和社会生活密切相关的各类现实性、综合性、实践性问题为内容，以研究性学习为主导学习方式，培养学生的创新精神、实践能力、团队合作和对知识的综合运用等能力。

（三）课程规划

【三、四年级】

1. 知识层面

通过学生的实践和探究，丰富自身的知识积累。

2. 能力层面

培养学生的思考能力和发现问题、分析问题和解决问题的能力；初步培养学生搜集信息和处理信息的能力；逐渐培养学生的实践能力和创新能力；培养学生的口头和书面语言表达能力。

3. 情感、态度、价值观层面

学习别人的长处，取长补短；了解自己的优势，发挥自己的长处；知道自己的不足，并设法改进。

活动主题：《空竹之缘》《葫芦丝之梦》

主题的确定：空竹、葫芦丝是学校的学科特色项目之一，三年级的学生对空竹并不陌生，大部分学生都能抖起来，四年级学生已经能熟练吹奏一定的葫芦丝曲目。但学生对于空竹、葫芦丝本身并没有很深的了解和认识，为了能够促进学校的学科特色项目深入的建设、有效的开展，结合学生的实际状况，特把三、四年级的综合实践活动主题定为《空竹之缘》《葫芦丝之梦》。

主要内容：通过对空竹、葫芦丝的起源、材料、种类、技巧、现状等方面的资料收集、分类整理，促进文化绿城小学的特色项目建设，使每名学生都能抖空竹、吹奏葫芦丝，都能爱空竹、葫芦丝，继而热爱中国传统文化。通过资料的收集、整理、学生演示、专家教学等形式，在班内、校内、校外的活动中，以杂志、报刊、电视、网络、专家座谈或访问为手段，使学生学会一些学习、方法、技能等，促使这项活动能够深入开展好。

【五、六年级】

1. 知识层面

通过学生的实践和探究，继续丰富自身的知识和积累。

2. 能力层面

培养学生独立思考能力和发现问题、分析问题和解决问题的能力；继续培养学生搜集信息和处理信息的能力；逐步培养学生总结与交流的能力、调查与访问的能力、实验与观察的能力；培养学生的实践能力和创新能力；培养学生的口头和书面语言表达能力。

3. 情感、态度、价值观层面

激发学生实践、探索的兴趣；培养学生求真务实、大胆质疑、勇于开拓的学习情操，构建学生艰苦奋斗、创新探索、勇于拼搏、不断进取、团队合作的精神。

活动主题：《走进奇妙的动画世界》

主题的确定：动画，总是很容易抓住人的眼球，无论是从刚懂事的孩子还是七八十岁的老人。所以，五、六年级的孩子也不例外。但是，孩子们仅仅是对动画有一个表相的认识，只是觉得它们好看，却不了解在动画表相下的另一种魅力，那就是动画的起源，动画过去的发展、未来的走向，动画是怎么制作的，以及动画具有什么样的商业价值等。而作为五、六年级综合实践活动课程的任课教师在动画方面具有一定的特长,就要结合自身现有的优势,使之能够合理、有效地促进综合实践活动课程的深入开展。

主要内容:通过走进奇妙的动画世界,使学生能够从动画的起源,动画过去的发展、未来的走向,中外动画的对比,有关动画是怎么制作出来的以及动画具有什么样的商业价值等方面,进行探究学习,使学生学到一些学习的方法及动画方面的知识。

六、国际理解教育课程

(一)课程愿景

从学校的办学理念和发展目标可以看出,国际理解教育课程的实施是促进学校国际化的重要途径,针对当前课程多样化、规范化的要求,通过国际理解教育课程的开发与建设,加快学校课程评价体系与课程管理体系的进一步完善,使之成为课程改革和营造校园文化的有力推手。国际理解教育课程是文化绿城小学在全球化时代的新追求和新使命。通过开展国际理解教育课程,让学生在理解我国优秀文化的基础上,开阔国际视野,增强国际意识,提高国际能力,让学生成长为具有国际视野、国际意识和国际能力的世界公民,实现文化绿城小学走国际化办学之路的愿景。

(二)课程目标

学校国际理解教育课程建设的目标是:了解尊重他者和他者文化,倡导理解、包容和共生的教育价值,培养学生的自我理解能力、沟通合作能力和跨文化理解能力,促进学生的和谐发展。

自我理解能力:自我理解、建立自我认同感、民族认同感与国家自豪感。

沟通合作能力:理解他者、学会沟通。掌握与外国人交往的技能及行为规范,有一定的母语能力和外国语(指英语)能力、适应能力和沟通合作能力,能够尊重不同国家与民族的差异。让学生形成高尚人格,即懂礼仪、明是非、做人诚信、处事踏实,举止文明、儒雅、得体。

跨文化理解能力:理解世界、关注全球、做世界公民。尊重和理解民族、宗教、文化的差异性,正确认识竞争与合作、和平与发展、环境保护、多元文化共存等全球问题，建立起共同的基本价值观，培养公正、民主、热爱和平、关心人类的共同发展的情操，担负起"世界公民"的责任和义务。

（三）课程设置

1. 平行班

整合学校现有课程，将地方课程拿出来一节作为学生国际教育课程实施的课堂：即一、二年级每周一节的英语绘本课，三至六年级每周一节的英语阅读课。

2. 澳新国际班

（1）英语主课程——《Smart Gogo》，英语口语、听力、词汇、阅读理解、语法的学习。（实施年级：1~6年级）

（2）《国际公民素养》，让学生具备基本的法律意识、培养良好的国际行为习惯、勇于承担和善于自我反省、能够明辨是非、建立正确的价值观。（实施年级：1~6年级）

（3）《世界之窗》，让学生们了解基本的地理知识，领略世界风情；认识不同文化，开阔国际视野；锻炼跨文化交流能力，树立正确的世界观。（实施年级：1~6年级）

（4）《英语绘本阅读》，培养学生良好的阅读习惯。从学生熟悉或感兴趣的话题中选取阅读材料，锻炼学生阅读理解能力。（实施年级：1~6年级）

（5）《户外英语》，增强身体素质，培养独立意识和团队精神，增强组织纪律观念，提高日常生活中的英语使用能力，体验课堂之外英语学习的乐趣。（实施年级：1~6年级）

（四）课程实施

（1）引进部分中国香港、原版英、美绘本教材，从学校层面对英语教师进行培训指导，感受和学习国内外先进的教育教学理念和模式。继而，使学生在这些教材的学习中接受国内外教育思想、感受国内外教育方式，从而丰富学习知识、开阔学生视野，以适应国际化学习方式。

（2）一、二年级通过阅读原版绘本故事，培养学生追求美的意识，引导学生良好品质的形成。

（3）三至六年级开设英语阅读课，引领学生通过英语阅读，了解西方的风土人情、风俗习惯、历史文化，开拓学生视野，增强学生的跨文化融合意识。

（五）课程评价

学校采用综合式的评价体系。学习成绩不再作为评价学生的主要内容，而是把评价放在过程中，着眼于学生的方方面面。每一名学生都有一份"大数据"。

学期结束，以学科建立"报告单"式的评价制度，为学生和家长提供多角度、全方位的学业结果，并为每一名学生建立《成长手册》，阶段性、综合式的反映成长历程。

七、创客教育课程

创客，就像一粒粒神奇的种子，播撒在时代的土壤里，为时代的变革培育创新力量。我们今天培养的学生，将来要从事如今还不存在的工作，使用现在还没有发明出来的技术，解决我们目前全然不知的问题。作为教师，必须培养有创新思维和创新能力的学生，具备现代化的视野和面对未来的能力，这是广大教育者的重要使命。

课程目标：

（1）让每一名学生都能参与学科融合性的、实践性的、创造性的学习活动。

（2）以"制造"为切入点，以"创造"为目标，帮助学生打好基础，练好基本功。让更多的学生参与进来，动起手来，激发出他们的兴趣。

（3）运用"跨界思维"，以跨行业、无边界的思维来思考问题；运用"平台化思维"，建构多方共赢的生态圈；运用"碎片化思维"，把学习分解到非正式场合。

课程规划：

（一）2016年度目标和措施

目标：启动创客教育，对教师进行专项培训，开发思路，初步实现社团和课堂两个阵地的创客启动。重点打造机器人社团，初步启动科教模型、遥控直升机等社团，做好社团的硬件实施建设，为下一阶段工作做好准备。

措施：

1. 组建校内"创客教育教研组"

时间：2016年3月

内容：校内"创客教育教研组"是为了将创客教育落在实处，组织部分微机教师、科学教师组建而成的创客组织，主要开展相关创客教育在校园内的普及推广工作。

2. 建设学校"创客空间"——文化绿城"小鲁班"创客中心

时间：2016年3月

内容：要像装备图书馆、实验室一样，为学生装备创客空间，让学生们去玩去创"造"。

学校创客空间要做到"二有"：有一个固定的场所能够让学生来造物，而且在课余时间学生绝对能够进入这个场所；有一位老师能够陪着学生们去做，并与其交流。

3. 启动创客教育教师培训课程

时间：2016年4月

内容：依托校外力量开展一系列的教师培训课程，让教师走出去，让相关教师开阔视野、打开思路、拓展思维，进行思考和积淀，为下一步工作充电蓄力。

4. 以"两个一"课程为抓手

时间：2016年4月

内容：本学期，作为创客教育的起步阶段，学校以"一门校本课程、一个创客社团"为驱动，分别为机器人社团、"猫抓编程"编写校本课程。

5. 未来创客快乐体验活动

时间：2016年5月

内容：为增强学生对科学创新的兴趣，开发其对未知领域的探索精神，学校5月份进行科技周活动，让学生在快乐体验中爱上创造，激发兴趣，迸发潜能。

（二）2017年度目标和措施

目标：创客教育由点到面，由一个社团辐射到多个社团，由一门课程拓展为多门课程，营造浓厚的创客氛围，各科技类功能室完全投入使用，充分发挥效能。

措施：

1. 组建"创客联盟"

在2016年度"创客教研组"的基础上，吸纳部分优秀学生及部分家长组建的创客组织，主要开展相关创客教育在校园内的普及推广和智力支持工作。2017年春季开学，分别在教师、学生、家长中招募有此特长或兴趣的人员，重点为：数学、科学、微机教师、3~6年级学生、在信息技术、互联网领域工作的家长。

2. 社团百花齐放

在机器人社团、遥控直升机、科教模型社团的基础上，成立动漫社团、建筑模型社团、模拟飞行社团，积极开展活动，争取在各级比赛中崭露头角。

3. 举办校园"创客节"

在每年科技周的基础上，举办校园"创客节"，在校园内进行"创客集市"，展示学校师生创造发明的作品，重点展示3D打印、机器人、电子小发明、手工创意、自制教具等创新产品，由现场观众进行投票，评选出最受欢迎的作品；在微机教室内，进行"猫抓编程"校本课程成果展示活动，分别由教师、家长、学生代表进行体验，并打分，评选出一、二等奖。

（三）2018年度目标和措施

目标：校内创客联盟成熟，创客社团达到10个以上，创客课程3门以上，各类比赛中成绩突出，校园创客氛围浓厚，培养出一批优秀的"文绿小创客"。

措施：

（1）在国家课程的基础上，信息技术课和科学课进行国家课程校本化，开发出一系列符合文绿学生的校本化学习材料，作为国家课程的补充，为培养更优秀的"小创客"提供支持。

（2）各创客社团成熟发展，评选首届"文绿创客教育先进个人"和首届"文绿小创客"，年底进行表彰。

（3）各创客社团规范化、科学化运转，让学校的创客教育成为学校的闪亮名片。

八、校本课程实施

（一）课程背景分析

1. 校本课程开发的必要性分析

校本课程的开发与实施，有利于改变学生的学习方式，有利于学生形成主动参与、乐于探究、勤于动手的精神，提高学生搜集和处理信息的能力、获取新知识的能力、分析和解决问题的能力以及交流与合作的能力，为学生个性与潜能发展提供适切的课程。

（1）学校发展的需求。

文化绿城小学学生需要丰富而适当的课程，使每一名独具个性的文绿学子在智力、情感、道德、社会和身体方面得到充分发展，为在多样化社会中做一个终身学习者和国际公民做好准备。

（2）学生发展的需求。

校本课程的规划与设立，需要来自学生的声音，这是学校走向开放、民主的充分体现。学校在设立校本课程项目之前，对学生进行了问卷调查，发现学生对于课程的需求是丰富和理性的。学校针对450名学生发放了问卷，对已有课程的喜爱程度和建议增设的课程进行了调查。

学生喜爱的课程：

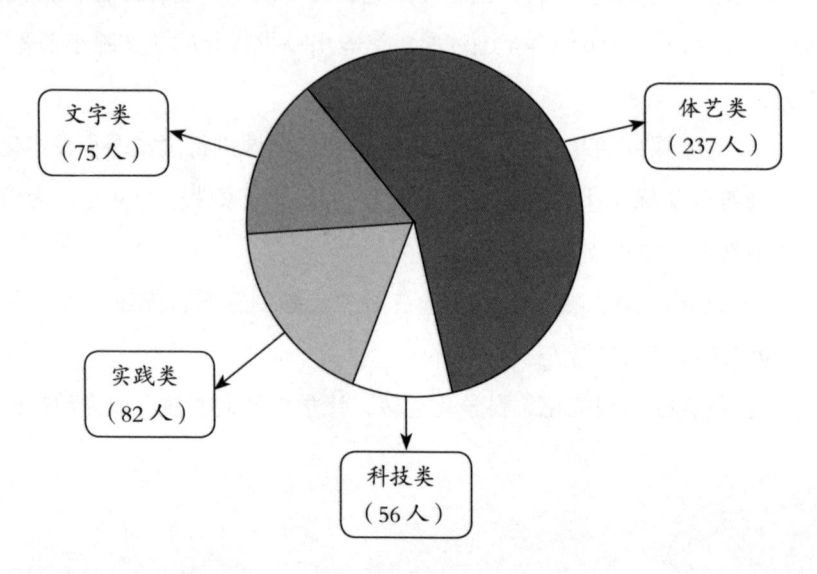

文字类（75人）
体艺类（237人）
实践类（82人）
科技类（56人）

学生建议增设的课程列表：

体艺类	武术、健美操、游泳、跑酷、轮滑、二胡、陶笛、独唱、戏剧、素描、写生、指挥
文学类	古典文学欣赏、影视文学欣赏、绘本阅读、疯狂背古诗、一起读三国、汉字争霸、成语英雄、对句
生活类	十字绣、编织、设计、手工、粘贴画、烘焙
实践类	职业体验、植物栽培、我做轮值校长
科学类	科学实验、天文观测、信息技术、世界地理
语言类	演讲、诵读、主持、辩论
礼仪类	礼仪文明、生活常识、美丽生活、小学生仪表、国际礼仪
交往类	沟通艺术、心理疏导、与人相处

从调查问卷中，我们清楚地看到：

（1）学生对现有课程具有一定的满意度。

受到学生普遍欢迎的是与学生的健康与特长发展密切相关、有助于其个性发展的课程，如技巧空竹、管乐团、篮球等技能类课程。

（2）学生兴趣爱好十分广泛。

对课程预设表现出了强烈的欲望与倾向，百分之百的学生都希望开设更多的课程。特别是已经有部分学生把目光延伸到对美的追求、对社会的了解、对世界的展望上。

（3）教师发展的需求。

学校现有教师159人，其中教龄10年以下的青年教师有103人，这些教师具有现代教育理想、教育手段和新课程理念，学校文化认同度较高，自我发展意识较强，教师专业发展的需求十分突出。校本课程的开发与实施，能够使教师更快地走上专业发展的道路，在探索操作的过程中体验成就。因此，源于学生需求的校本课程的开发与实施，是提升学生综合素养的有效途径。

2. 校本课程开发的可能性分析

（1）鲜明的校园文化为校本课程的开发和实施提供了牢固的根基。

文化绿城小学是2005年建校的学校，具有新建校的高起点和活力。学校以"立雅求美，绽放幸福"的教育理念，以开放性、民主性的品质，发展的前沿意识，切实考虑学生实际发展状况与需要，使学生真正做到行起于正，行于美，达于雅，为其终身打下良好的道德基础和创造成功的机会。学校大力加强硬件建设，追求教育性、个性化、特色性的教育环境，发展人的素质，形成和谐的校园环境，为学生的发展提供资源保证，把学校建成教师能够真切地享受职业内在的尊严与幸福，学生能够享受童年乐趣并奠定持续发展基础的现代化学校。

（2）专业的教师队伍为校本课程的开发和实施提供了有力的保证。

文化绿城小学建校以来，一直致力于打造一支专业、高效的教师队伍。学校现有教师中70%以上为中小学一级教师，其中省、市级骨干教师7人，多人在省、市、区三级课堂教学及技能比赛中获奖。教师爱好广泛，特长突出，如陶笛、武术、健美操、串珠、烘焙、剪纸等，这些技能为校本课程的开发与实施提供了有力的保证。

（3）扎实的特色学科建设为校本课程的开发和实施提供了肥沃的土壤。

学校一直以来致力于以校为本的特色学科建设，例如，体育学科的抖空竹项目，音乐学科的葫芦丝，美术学科的线描画，英语学科的故事会，语文学科的儿童诗，数学学科的学数学、用数学，活动面向全体学生，让"文绿"的每名学生在各个学科都能学有所长。

（4）丰厚的地域与环境资源为校本课程的开发与实施提供了坚实的保障。

郑州市金水区文化绿城小学位居城市北区中心，毗邻金水区政府、省财经政法大学、省轻工业学院、省中医院等单位，学区包括多个大中型社区，周边环境资源丰富，家长文化程度及家庭教育存在多样性。

（二）校本课程目标

依据学校"文质彬彬，绿意盎然"的育人目标，学校设定了"雅行、怡情、博雅、向美"的校本课程总体目标，具体表述如下：

1. 雅行

掌握一定的生活技能和体艺技能，拥有健康的体魄。

2. 怡情

获得一定的艺术熏陶，形成对文学真、善、美的感知力和鉴赏力，提高学生的审美情趣和审美能力。

3. 博雅

了解科学研究的一般程序与方法，养成科学做事的态度和习惯；具有较强的获取、处理信息的能力，能通过书面或口头完整地表达自己的看法；提高实践操作能力，发展创新思维。

4. 向美

增强对自然、社会的整体认识，学会判断身边的事物，学会交往，能控制自己的情感；具有积极、独立、向上的生活态度。

（三）校本课程结构与门类

学校全力打造的"雅美"课程体系分为"核心课程"和"发展课程"两大类，其中"发展课程"也就是校本课程，"发展课程"由自主选修课程和学科拓展课程组成，自主选修课程又分为校级课程、级部课程和个人选修。自主选修课程可以加深、拓宽和提高学生的基础知识，扩大学生知识视野和提升知识深度，满足不同层次学生进一步学习的需要。公共选修课程是学生在不同方向上掌握一些有用的实际操作能力和养成基本素养。公共选修课程和自主选修课程包容并举，和谐共存，着力打造雅文雅韵、雅行雅规、雅情雅趣、雅馨雅致、雅滋雅味、雅静雅乐六大类课程体系。

下面是课程框架图：

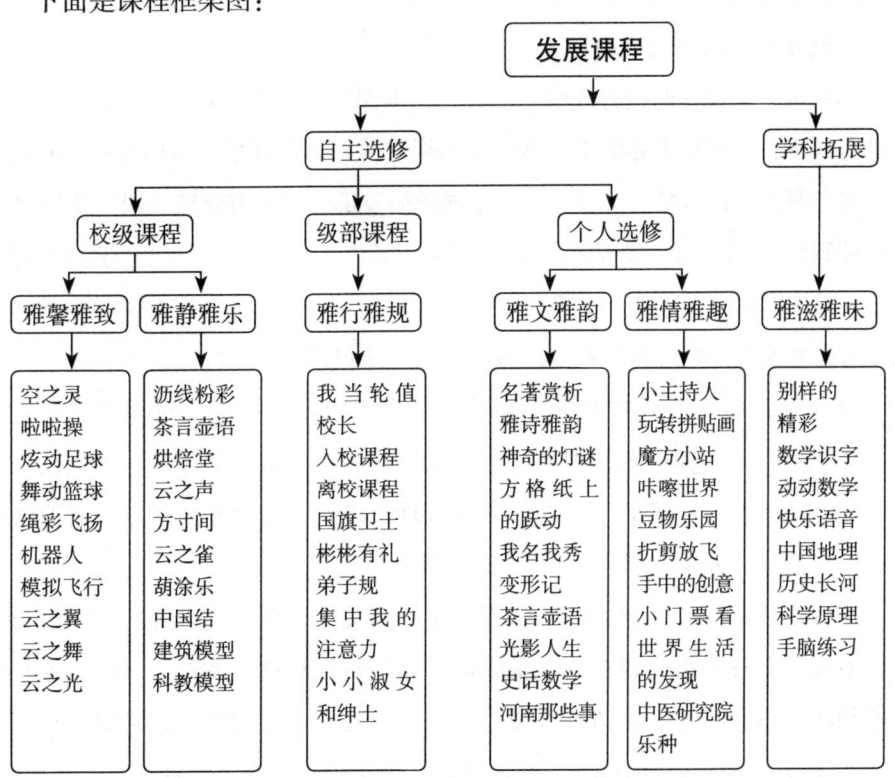

```
                        发展课程
                   ┌───────┴───────┐
                自主选修          学科拓展
          ┌────────┼────────┐         │
       校级课程  级部课程  个人选修      │
       ┌──┴──┐      │    ┌──┴──┐       │
    雅馨雅致 雅静雅乐 雅行雅规 雅文雅韵 雅情雅趣 雅滋雅味
```

雅馨雅致	雅静雅乐	雅行雅规	雅文雅韵	雅情雅趣	雅滋雅味
空之灵	沥线粉彩	我当轮值校长	名著赏析	小主持人	别样的精彩
啦啦操	茶言壶语	入校课程	雅诗雅韵	玩转拼贴画	数学识字
炫动足球	烘焙堂	离校课程	神奇的灯谜	魔方小站	动动数学
舞动篮球	云之声	国旗卫士	方格纸上的跃动	咔嚓世界	快乐语音
绳彩飞扬	方寸间	彬彬有礼	我名我秀	豆物乐园	中国地理
机器人	云之雀	弟子规	变形记	折剪放飞	历史长河
模拟飞行	葫涂乐	集中我的注意力	茶言壶语	手中的创意	科学原理
云之翼	中国结	小小淑女和绅士	光影人生	小门票看世界生活的发现	手脑练习
云之舞	建筑模型		史话数学	中医研究院	
云之光	科教模型		河南那些事	乐种	

（四）校本课程实施

学校加强对校本课程施行以校为本的建设和管理，使校本课程的开发与管理走向规范和高效，使每一门课程的开设科学、合理，学生的参与、研修有的放矢，活动开展有序。

1. 建立、健全校本课程开发与实施组织机构和职责

（1）成立校本课程开发与建设领导小组。

组　　长：杜　豫

副组长：张晓晖　刘　鑫

组　　员：张　悦　侯艳艳　朱永杰　常罗文　（各教研组组长）

（2）明确职责。

校本课程开发与建设领导小组成员分工合作，组长负责校本课程的整体规划，对课程布局进行优化，制定《校本课程实施方案》；副组长负责课程的具体的细化与分工，对每一年的课程计划进行梳理，为课程的实施提供咨询；组员负责各个校本课程的开发与实施、评价与反馈。

2. 成立学校课程管理中心

学校成立了校本课程管理中心，负责校本课程的总体规划、宏观调控及全面的研究和实施。课程中心的工作重心是顶层设计、高位规划、合理布局、有效实施、综合评价、打造精品。分别成立了课程研发部、课程审议部、课程评价部。

课程研发部职责：每学期做好校本课程开发的前期调查，结合学校实际，拟订《校本课程开发指南》。选择性、针对性地开发适合学校实际的校本课程。加强对校本课程开发过程性管理，每月对校本课程开发进度进行检查、指导。

课程审议部职责：参加研究性学习的全程指导和管理，对教师研究必申报、开题报告、研究方案、中期报告、结题报告进行审批指导。对学生研究性学习的方法、活动、实验、调查、采访等环节进行具体指导。对学生研究性学习的论文撰写、成果体现进行指导和学术评定。

课程评价部职责：评价校本课程的实施情况，对课程、教师、学生进行评价和鉴定。管理小组有权在调查实际情况后，对课程进行调整。对校本课程的研究和实施进行指导、评估，调查、分析学生对校本课程的需求情况并根据情况在实施过程中进行适时调整，对校本课程档案整理工作进行督查。

3. 校本课程实施组织形式

对于校本课程的实施，学校提出"五个一"：每一个科目都要有清晰的课程目标表述；每一个科目都要有细致的实施要求；每一个科目都要有科学的内容设计；每一个科目都要有合理的课程评价；每学期都要有一名学生的信息反馈。

（1）课时设置。

整合学校现有课程，将地方课、综实课、校本课各拿出来一节作为学生自主选修课实施的课堂；每周一节的校本课作为学生公共选修课的实施课堂。

（2）学生自主选课。

① 自主选修课程的学习每学年申报一次，每名学生至少要在一年内选修一门课程。

② 选修课程学生可根据自己的爱好和指向，在教师的指导下对课程进行自主选择。

③ 除学校设置的课程外，学生也可自主选择想进修的课程并与相关教师协商进行学习。

④ 学生的自主选修课为走班制的上课方式，全校将各个班级固定为"资源教室"，学生在相应的时间到相应的班级上课。

（3）学生学习活动方式。

① 自主式学习方式。

校本课程的课堂是以学生为主的课堂，以学生的自主、自学、自悟、自练、自习为主，教师辅导为辅，学生置身其中，在与教师交往、与同学交往的过程中做到学会合作、经验共享。

②研讨式学习方式。

学贵有疑，思维的变通与拓展，就是发现问题、解决问题的过程，解决问题的过程就是学习的过程，课堂中学生大胆提问、大胆质疑、交流研讨、大胆实践，养成解决问题的能力。

③展示性学习方式。

学生的一切思维的成果都需要通过不同形式的展示表现出来，所以，给学生充分的展示机会和时间，学期初第一节课固定为课程纲要展示课，最后一节固定为成果展示课。

（五）校本课程评价

评价的内容主要分为对课程的评价、教师的评价和对学生的评价。

1. 对课程的评价

依据我校校本课程评议表，检验课程开发与实施的适切性，检验课程内容是否满足学生的需求，检验课程设置的合理性和实效性。

课程评议表：满分100分

等级项目	评价内容标准指标体系				得分（100分）
	A	B	C	D	
课程目标（10%）					
课程内容（30%）					
课程实施（30%）					
课程资源与条件（20%）					
成绩评价（10%）					
合计					

注：A级指标占本类分值的20%，B级指标占本类分值的30%，C类指标占本类分值的30%，D类指标占本类分值的20%。

2. 对教师的评价

评价内容：课程纲要对发展学生个性的合理性；课程内容的科学性、时代性、层次性和综合性；活动方法的有效度；对所教每一名学生的关注程度；教师在实施中的投入程度。教师在开发和建设课程过程中其专业水平的提高程度。学习目标的达成度，从学校、教师、学生三方面进行评价。

（1）学校评价——学校成立评价小组，组成人员可以通过听课、听取学生的反馈意见、检查课程开发与建设的情况、学习目标的达成程度和活动安排等，给教师做出一定的评价。

（2）教师自我评价——教师在课程开发与建设以及教学活动的过程中，进行自我评价，以不断提高自己开发与实施课程的能力。

（3）学生评价——通过问卷调查、座谈、个别调查等方法了解学生对教师的评价，并以此了解学生的需求，不断提高课程质量，使之更加适合学生发展的需要。

3. 对学生的评价：

评价内容：主要依据授课教师的记录数据，包括学生出勤情况、学生参与热情、团队合作意识、能力锻炼等。另外从学生学习小组的记录评价每名学生，包括团结合作精神、独立处理问题的能力、学习态度和学习效果等方面。

评价目标：在知识或技能的某些方面获得进一步的拓展或提高；兴趣爱好和潜能得到进一步开发和发展；学会选择并做出决策，能根据自身的基础、兴趣爱好和社会发展需要选择拓展内容与方向；在综合实践能力方面得到提高；在自学能力、合作能力、批评性思维能力、发现问题、分析问题和解决问题的能力等方面得到增强；勇于探索、积极创新、自觉钻研、进取向上的精神得到培养。

	自评	互评	家长评	教师评	总成绩（百分制）
学时总量（50%）					
过程表现（30%）		乐于和伙伴交流讨论、竞争、合作学习，与家长交流；勇于提出问题、分析问题、解决问题；能将知识运用、融合在生活中敢于创造与求异			
学习效果（20%）					

评价方式：包含自我评价、教师评价、相互评价、家长评价、社会评五个方面。

（1）自我评价——由教师确立评价项目和评价方法（或由教师给学生提供多种评价项目和方法，供学生选择，或完全由学生自己确立评价的项目和评价的方法），由学生进行自我评价。

（2）教师评价——由教师通过观察、交流、学习过程中的情况记录，以及各种形式的问卷、多种形式的作业以及书面考核等对学生进行评价。

（3）相互评价——学生之间进行交流与评论。

（4）家长评价——学生家长对子女学习拓展型课程的评价。

（5）由社会教育机构认定：某些与社会教育机构接轨的拓展型课程的成绩评定可以直接参加社会权威教育机构的认定，如：计算机等级考试、英语等级考试、乐器演奏等级考试等。

九、保障措施

1. 日常管理细致

（1）每一门课程的任课教师认真备好每一节课，按步骤实施，学校课程开发与建设领导小组随机听课，随时测评。

（2）教师必须有课程纲要和教学方案设计，有学生考勤记录。

（3）教师应按学校整体计划，达到规定的课时与课程目标。

（4）教师应保存学生的作品、资料以及在活动、竞赛中取得的成绩资料。

（5）每月召开一次课程研讨会，展示优秀教师的成功经验，解决存在的问题，及时总结本课程的实施情况。

2. 师资培训全面

（1）课程理论培训。面向全体教师以讲座和研讨的方式进行基础教育课程改革与课程研究培训。

（2）专业知识培训。学校对担任课程的教师进行校本课程的选择与开发、课程纲要的编写、教学方案的设计等专业知识培训。

3. 硬件设施到位

（1）学校加强图书馆、实验室、专用教室等设施的建设，合理配置各种教学设备，为学校课程实施提供必要的物质保障。

（2）学校设立专项基金用于课程实施与开发、教师培训、设备配置与对外交流等方面。

4. 奖励制度

为调动广大教师主动参与课程开发的积极性，确保校本课程的有效实施，学校制定激励制度。

（1）通过评价，对课程开发与实施较好者，经考核记入其个人业绩档案，并记入绩效工资。

（2）鼓励探索与创新，对教师选用、改编、新编又能形成体系的课程，教师自主开发的课程资源等，给予适当奖励，并作为成果记入绩效工资。

（3）鼓励非校本课程开发教师积极参与、协助校本课程实施，集思广益，共同开发，通过评价对相关人员进行奖励。

多彩的课程使学校生活更加丰富，激发了学生们对各种艺术、科学知识的浓厚兴趣，培养学生们发现美、创造美、传递美的能力，促进了学校特色课程的发展。文化绿城小学将在课程的开发与实施中，使学生们的个性得到张扬，使其在成长中更加自信、活泼、积极、向上！

立雅求美 雅美共生——"雅美课堂文化形态"认定总结报告

金水区文化绿城小学

提纲：

一、课堂文化形态名称

二、雅美课堂文化形态的发展

三、雅美课堂文化形态阐述

（一）雅美课堂形态的内涵

（二）雅美课堂形态的核心理念

四、雅美课堂文化形态的理论依据

（一）《新课程标准》

（二）合作与探究

（三）建构主义理论

（四）《教育心理学》

五、雅美课堂文化形态的意义

（一）达成的目标

（二）课堂的原则

（三）教师的定位

六、雅美课堂文化形态的呈现

（一）模式先导重构课堂

（二）课型细化深入研究

（三）整体实施，逐步推进

（四）课堂评价组织定位

七、雅美课堂文化形态的创新价值

（一）催生四个转变

（二）课堂生动真实

（三）教师专业提升

（四）学生课堂投入

一、课堂文化形态名称

雅美课堂。

二、雅美课堂文化形态的发展

2012年初，文化绿城小学开始构建"简约课堂"，历经两年的时间，"简约课堂文化形态"被郑州市教育局命名为"道德课堂有效课堂文化形态"。

简约课堂的核心是"自主、高效、成长"，课堂侧重于学生的自主探究、交流研讨，将有限的时间和精力放在解决关键问题上，着力实现自主有效的课堂，学生形成了一种同伴互助的学习方式。在这样的课堂教学过程中，生生之间、师生之间自然会产生许多学习信息与教学资源。这就需要教师善于捕捉、筛选信息，把握动态生成的机会，巧妙利用生成出来的有价值的资源，进行生成性教学，才能绽放课堂的生机与活力，使学生情智得到升华。因此，在课堂教学中，教师对生成性资源能否采取有效的调控策略进行回应，直接决定着课堂教学的质量。

在后续的推进与实施过程中，我们发现，学生在解决问题的时候，许多可供研究的有价值的问题被忽略，一些学生创造性的思维被舍弃，学生灵光的闪现被埋没，使教师与学生本应共同研究解决的问题遗失。所以，只有充分释放学生的天性，给学生充分的时间和空间，帮助学生完善自己的思维，构建自己的知识结构，达到自我的有效成长，这样的教师才是最雅的教师，这样的学生才是最美的学生，这样的课堂才是最真实的课堂。在此基础上，2014年，学校课题组经过深入思考与多次论证，新课题《小学课堂生成性资源的有效利用》应运而生，并被确定为河南省教育科学十二五规划课题之一。学校以此作为总课题，每个教研组确定相应子课题，做到了组组有课题、科科有专题。由此，我们将课堂的核心定位为"自主、生成、成长"。"生成"就是学生带着自己的经验、知识、思考、灵感、兴致参与课堂学习，在学习过程中进行自主探究，发现问题并进行交流研讨，达成共识，教师在其中适时点拨，让学生通过钻研，建构新的知识框架。此时，我们的"简约"也开始向"雅美华丽"转身。

2016年，因为我们在课堂研究中关注到如果在学生进行创新思维的过程中教师教学方法不适宜的话，就不能有效帮助学生提升，而学生如果学习方法不合适的话，会有事倍功半的结果，所以，教师要将教法和学法有机融合和相互转化，进而形成创新思维和创新方法。学生的学习要拓宽思路，发展创新意识和创新能力。因此，课堂的核心在"生成"的基础上又着重于"创新"。"创新"就是学生在课堂上以原有的知识为基础，在学习新知的过程中能创造性地进行思考，用创新的方法解决问题或建构新的知识框架。秉承学校雅美教育理念的雅美课堂就是简约课堂的有效延伸。

三、雅美课堂文化形态阐述

（一）雅美课堂文化形态的内涵

苏霍姆林斯基曾经说过，"美是体魄健全、道德纯洁的源泉。""雅美课堂"的内涵在于"秀外慧中"，具有聪慧与修养，既有品位又博学，从而形成自身之美。具体来说，"秀外"指的是人外部行为的表现，如师生优雅的举止、俊雅的形态、弘雅的情趣、博雅的知识；"慧中"主要是情感素质、内在的体现，包含广博的文化素养、高尚的情意素养以及勇于创新的能力素养。教师在课堂上重视自我创新审美启迪，利用优雅的文化修养以及精神面貌来感染学生，进而熏陶学生人格、启迪学生智慧，实现对学生"雅"的浸润；学生则做到自我发展、自我提升，实现自我价值。

所以，雅美课堂是以学生自主学习意识、能力发展为目标，以发现、解决问题为主要学习目的，以合作、探究为主要学习方式，追求乐学、创新、成长，让学生的生命得到尊重，使学生实现精神上的成长，价值上的引领，人性上的养育。

（二）雅美课堂文化形态核心理念

在市、区道德课堂理念的指导下，对学校"雅美课堂"建设进行了梳理，进一步明确了"自主生成创新"为课堂文化构建的核心理念。

"自主"就是强调学生为本，学生成为课堂学习的主人，学生自主在课堂上对课堂生成的新知识进行探究，并将个人所得与同学交流。

"生成"是学生带着自己的经验、知识、思考、灵感、兴致参与课堂教学，在学习过程中进行自主探究，发现问题并进行交流研讨，达成共识，教师在其中适时点拨，让学生通过钻研，建构新的知识框架。

"创新"就是学生在课堂上以原有的知识为基础，在学习新知的过程中能够创造性地进行思维，用创新的方法解决问题或建构新的知识框架。

四、雅美课堂文化形态的理论依据

"文绿"雅美课堂文化建设，是对"道德课堂"的校本化探索，更是"追求规范、高效、情智共生的金水课堂文化"的细化落实。在建设中，坚实的理论支撑，为"文绿"雅美课堂的推进形成积极影响。

（一）理论依据一：《新课程标准》

《新课程标准》指出，新的课程要求教师以人为本，呼唤人的主体精神。学生在课堂中学习，既可学习掌握知识，又可得到情操的陶冶、智力的开发和能力的培养，同时又可形成良好的个性和健全的人格。学习过程既是学生掌握知识的过程，又是一个身心发展、潜能开发的过程。

（二）理论依据二：合作与探究

余文森教授在《论自主、合作、探究学习》一文中阐述合作学习的内涵有以下几个方面：

1. 互动性

合作学习的倡导者认为，"在课堂上，学生之间的关系比任何其他因素对学生学习的成绩、社会化和发展的影响都更强有力。与同伴的社会相互作用是儿童身心发展和社会化赖以实现的基本条件。"

2. 交往性

学习不仅是一种个体获得知识和发展能力的认识过程，同时也是一种人与人之间的交往过程。交往的认识意义表现在：第一，促使知识增值。学生通过交往分享彼此的思考、经验和知识，丰富学习内容，求得新的发现。第二，活跃学生思维。学习中的交往和互动有助于激发灵感，增强思维的灵活性和广阔性。

（三）理论依据三：建构主义理论

建构主义理论认为："学生根据外在信息，通过自己的背景知识，积极主动地建构自己的知识。"因此，学生不再是知识被动的接受者，而是积极主动的建构者。教师也不再是知识的支配者、控制者、传授者，而是学生学习的引导者、合作者和促进者。学生是充满情感、富于想象、极具个性的生命体。由于每个人的生活环境、已有经验、性格态度、兴趣爱好和思维方式等不一样，个人理解的差异性是必然的，我们在鼓励动态生成的同时，必然产生多种答案。

（四）理论依据四：国内外关于同类课题的研究综述

"生成性"是新课程改革倡导的一个新理念、新策略，它指引着课堂教学发展的方向。张大均先生在《教育心理学》中认为，"生成性是有效使用学习策略最重要的原则之一，是指学习过程中要利用学习策略对学习材料进行重新加工，产生某种新的东西"。雅斯贝尔斯在《什么是教育》中则概括为"教育即生成"。华东师范大学叶澜教授指出，"动态生成就是指课堂中不能机械地按原先确定的一种思路教学，而应根据学生学习的情况，由教师灵活地调整，生成新的、超出原计划的教学流程，使课堂处在动态和不断生成的过程中，以满足学生自主学习的要求。""一个真实的教育过程是师生及多种因素间动态的相互作用的推进过程，它不可能百分之百的按预定的轨道行进，会生出一些意料之外的、有意义或无意义的、重要或不重要的新事物、新情境、新思维和新方法，尤其当师生的主动性、积极性都充分发挥时，实际的教育过程远远要比预定的、计划中的过程生动、活泼、丰富得多。"

上述的这些理论都具有特定的价值和意义，为文化绿城小学雅美课堂提供了理论依据。

五、雅美课堂文化形态的意义

在新课程改革的背景下，课堂教学因其动态性与灵动性为课堂带来了生机与活力。叶澜教授说："课堂应是向未知方向挺进的旅程，随时都可能发现意外的信息和美丽的风景，而不是一切都必须遵循固定路线而没有激情的行程。"课堂有如约而至的风景，也有不期而遇的美丽，存在着许多可用的"生成性资源"，这些资源产生于课堂师生对话过程中，是师生智慧的结晶，抓住了，我们的课堂就会妙趣横生、丰富多彩。

（一）达成的目标

（1）通过课堂，提高教师的课堂预设能力和调控能力，使教师能成为学生心声的倾听者和对话者，成为课程资源的开发者和利用者，使之真正成为学生学习的引导者和促进者。

（2）通过课堂，使学生在合作学习的过程中，发展学科能力、张扬个性、完善人格，提升创新能力，全面提高各学科的综合素养，真正成为学习的主人。

（3）通过课堂，从成功的案例中探索出比较系统的、可操作的、有成效的并具有推广价值的教学策略，服务于教师的学科课堂教学。

（二）课堂的原则

雅美课堂着重营建"平等开放"的对话氛围，要坚持以下原则：

1. 对话无错原则

心理学家盖耶认为，"谁不愿意尝试错误，不允许学生犯错误，就将错过最富有成效的学习时刻。"所以说，错误是极具课程意义的课堂动态资源。只有在无错原则下，学生才会大胆探索，看来"并不正确"也并无妨碍。

2. 问题自主探究原则

教师根据实际情形不断地培养学生信息的收集与整理及自主设计的能力，要放手让学生参加到更具实质性的探求过程中来，并不断地获得成功。比如，研究性学习中参与合作意识的培养，社会调查的主创意识的培养。在这个过程中，鼓励学生奇思妙想，激发学生充分利用原有的知识结构去同化当下的新知识与新方法，并赋予它们以崭新的意义。

3. 大胆质疑互动原则

要发挥观点直接碰撞的作用，让学生之间、师生之间进行直接的"交谈"与"交锋"，从而使信息能够实现"零距离"的交互。课堂上要求交互、共鸣、触类旁通，讲求各种观点之间的互补。在学生的质疑和辨析中，培养学生的自主意识，让课堂成为一个有序而充满着各种观点合流、碰撞的"意义交汇场"，让课堂成为新观点的产生过程，新见解的生长过程，成为一个既有共同语言与思想，又有不同的见解的个性与发现的"大观园"。

（三）教师的定位

雅美课堂的特性需要把教师的"教"和学生的"学"有机地结合起来，才能实现教与学的水乳交融。所以教师要把握好其中的"度"，做到有"进"有"退"。

1. 倾听

做一个倾听者，听清学生的观点，听清精华所在，听清学生认识偏差和对话焦点，思考下一步对策，只有听得清，才能想得深，激得巧。

2. 点拨

做一个点拨者，由于学生认知水平的局限性，生生互动中难免存在偏颇、缺陷乃至失误，这时需要教师适度发挥主导作用，给予学生有效的价值引导和点拨。

3. 激发

做一个激发者，课堂的生成是复杂的、动态多变的，教师要因势利导，机智地捕捉那些能启迪学生思维的问题，激发学生的学习热情，强化学生的理解，激励学生的成功感。

4. 决断

做一个决断者。在质疑过程中，常常会碰到观点相异、争执不下、思想模糊的情况，教师一定要在学生思想模糊时做一个决断者，必须为学生明确地解答，旗帜鲜明地表明自己的观点。"当点则点，当拨则拨"，抓住时机点到要害处，拨到关键处。

六、雅美课堂文化形态的呈现

雅美课堂是一种理念，需要一个载体引领教师走上这条道路。"以生为本"的五步自主学习模式应运而生！

（一）模式先导重构课堂

文绿教师经过多次研讨，确立了"五步自主学习模式"，即"自学质疑—有效生成—群学优化—反馈互动—达标测评"。

（1）自学质疑：学生先天就不缺乏自主学习的能力，而是在课堂上没有自学时间和空间。充分自学、质疑问难是学习的必经过程。

（2）有效生成：课堂是教师、学生、课程的多边活动，学生发现学习过程中生成的问题，教师捕捉闪现的学生思维的灵光，体现学习的价值。

（3）群学优化：面对课堂学习过程中自己难以独立完成的知识点，学生可以"互助学习"交流研讨，可以学习小组内"攻坚克难"，还可以对"共性问题"在班级范围内整理优化，集思广益。

（4）反馈互动：学习成果汇总是师生、生生间进行知识建构的有效方式，是在展示互动中，师生一起分享学习过程、升华学习成果的过程。

（5）达标测评：今日事，今日毕，当堂达成学习目标，才能是高效的课堂。

（二）课型细化深入研究

1. 雅美课堂的课型分类

综合课、自学课、展示课、反馈课。

（1）如果课题是一课时来完成的，那就要在一课时内整体呈现自学、展示。

（2）如果课题是需要两课时完成的，可以根据实际情况设计成自学课、展示反馈或者自学展示课、反馈课。

（3）如果课题需要三个课时，一般为自学课、展示课、反馈课，但也有自习课作为两个课时呈现，展示和反馈作为一课时展示，这要根据具体需要灵活调整预习、展示、反馈的不同组合。

2. 课型程序

（1）综合课型的学习程序：自学质疑——有效生成——群学优化——达标测评——学习反思。

（2）自学课型的学习程序：问题导学——自学质疑——自主交流——有效生成——成果总结。

（3）展示课型的学习程序：自学质疑——分工展示——互动生成——反馈交流——达标测评。

（4）反馈课型的学习程序：自我反馈——对子帮扶——交互评价——群学优化——全面提高。

3. 课堂流程

语文学科

创设情境

激趣质疑

启迪思维

互动交流

总结归纳

导入问题

明确问题

打开问题

落实问题

提升问题

数学学科

情境引入

合作探究

练习巩固

延伸发展

激发思维

点燃思维

分享思维

发散思维

英语学科

复习导入

引入新知

问题质疑

合作交流

拓展延伸

回顾旧知

明确目标

确定方向

解决问题

探究总结

体育学科

游戏热身

技能展示

指导练习

发现技巧

拓展练习

营造氛围

激发兴趣

体验成功

总结反馈

感受幸福

音乐学科

创设情境

教师示范

互动练习

自创拓展

展示表演

激发兴趣

分享感受

启迪心灵

感受乐趣

（三）整体实施，逐步推进

1. "五步自主"学习模式的确立，帮助教师走出课堂教学中"自我化"的误区

通过骨干教师示范课、教研组实践展示课，我们利用课堂论证了"五步自主学习模式"的可行性。

（1）"五步自主学习模式"凸显了"生本"。学习模式清晰明了，简化了

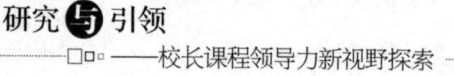

以往教学中的繁杂流程和不必要的设计，实现了学习目标、学习环节的优化。

（2）学法指导科学化、体系化。"新模式"运用中，成败的关键是，要将每个学习环节的要求进一步细化并科学、系统地指导学生使用，帮助学生适应新课堂。

（3）实施策略应灵活、机动。一个班级内，各科教师要协调统一，要求一致，加快学生对新学习模式的适应，提升学习效率。

2. 在巩固"五步自主自学模式"的同时，确定三个研究核心

（1）开展"五步自主学习"模式各学习环节学法指导的细化研究，扎实提升学生的自学能力。

（2）开展适应不同年级，学生特点的子课题研究。

（3）针对课堂上生成性的资源进行研究，以期达到解决问题的目的。

（四）课堂评价组织定位

雅美课堂评价的视角从授课教师的教学行为、教学设计，聚焦为学生在课堂上的学习行为，情感、思维的变化。所以，我们从学习目标、学习内容、学习结构、学习方法、学习效果五个方面对课堂进行定位。

1. 学习目标

（1）目标设置：教师"引"的思路清晰，学生"学"的目标明确。

（2）层次划分：知识与技能的达成目标，过程与方法的揭示目标，情感与态度的孕育目标，能力与素质的发展目标。

2. 学习内容

（1）内容选择：学习内容容量适度，重、难点把握准确。

（2）呈现方式：有效整合三维目标，突出创新能力培养。

3. 学习结构

（1）环节设计：自学质疑—有效生成—群学优化—反馈互动—达标测评。

（2）时间分配：学生参与自主学习、交流、互动的时间不少于三分之二。

4. 学习方法

（1）学法优化：学习方式多样化，自学、互学、共学运用合理。

（2）学法指导：指导学法得当，体现自主学习、探究学习、合作学习的学习方式。

5. 学习效果

（1）思维训练：课堂容量大，学生思维积极主动、缜密有效，课堂练习有梯度、切实达到巩固新知的效果。

（2）达标训练：能及时反馈练习，学习目标达成率高。

评价项目		评价指标
引	教师行为	①生本理念下，设计教学活动，流程简洁； ②研读教材，注重学科与教材的结合，力求完美； ③教师语言准确、清晰、简练，表达规范，导学具有感染力，引导学生进行积极主动的学习和探究
	学前预习	①课前预习适用，能简捷、直接、有效激发学生学习动机和学习兴趣； ②学习方法指导明确、翔实，符合学生的认知规律
学	自学质疑	①具有足够的参与活动、自主学习的时间； ②在学习活动中，学生有自学习惯的表现，呈现出一定的自学能力
	有效生成	①倾听认真，分享时分工明确，省时高效，分层讨论解决问题，展示中学习重点清晰，学习难点突出； ②学生善于发现问题、提出问题，针对学生认识补缺的需要，教师适时点拨、提升，关注生成； ③学生勇于发表自己的观点，乐于听取和尊重别人的意见，实现师生、生生互动，学生获得积极的情感体验； ④学习评价设计合理，有教师评价和学生评价，评价语言自然流畅，激励到位
学	群学优化	①学习小组的集体意识强，全部投入学习，小组长真正发挥分动力作用，讨论效果好，学习质量高； ②学生能根据教师的要求和指导，在充分自学的基础上，主动开展组内合作与交流，进行对学和群学，研讨氛围浓厚； ③学生自主学习过程中，教师适时给予指导和鼓励，兼顾到各个层面的学生； ④学生课堂参与面广，参与率高，学习过程活动充分，学习结果积累丰富

续 表

评价项目	评价指标
反馈互动	师生合作完成学习目标，学生实现知识与技能、过程与方法、情感态度价值观的达成
达标测评	① 每个学习活动后，依据学情，科学运用检测，小检测与大检测互为补充； ② 课堂上实现每个学生在不同层次上的不同体验和不同收获，学生在评、练过程中知识得到拓展、延伸

七、雅美课堂文化形态的创新价值

（一）催生四个转变

在雅美课堂推进中，我们逐渐在引导教师、课堂、学生中实现了四个转变：

1. 备课的转变

雅美课堂的教学设计区别于以往，每个学习环节必须从学生实际出发，教师需要深入的解读课标、教材，去除繁杂的学习环节、简练自己的教学语言，突显学科思想、方法和学习内容。

2. 教师角色的转变

教师从设计环节中走出，以指导、引领者的身份参与课堂，课堂上要变满堂宣讲为静心倾听、变问题罗列为智慧引导、变总结灌输为提升拓展，将课堂的关注点集中于学生思考的内容和思维的变化上，有效把握课堂。

3. 学习方式的转变

新模式更多的还学习的自主权给学生，指导学生学会运用方法，建立主动思考、主动质疑、主动合作、主动总结的意识。

4. 评价标准的转变

传统课堂教学教师是学生学习表现的唯一评定者，课堂上缺乏学生的积极参与，缺乏对智慧的挑战。师生互评、生生互评的评价方式促进了学生潜能、个性和创造性的发挥，使学生树立自信心和保持持续发展的动力。

（二）课堂生动真实

雅美课堂促使教师角色的转变和关注点的转移，使教师将更多的精力放到了学生身上，也使教师能够及时把握课堂中的生成点进行即时教学，提升了教师的教育教学能力和水平。

1. 及时捕捉生成的信息

在学生们质疑和辨析的过程中，教师要善于捕捉到促进学生认知的焦点，进行深入引导和剖析。如我校王丽娜老师讲授《识字五》中，学生出现"腊梅"和"蜡梅"两种不同的意见，到底哪种写法是正确的呢？学生各持己见，这时候王老师没有让学生死记硬背，而是请学生查一查字典，了解"蜡"和"腊"不同的解释，同时出示"蜡梅"的图片，根据其颜色来推理，让学生自解自悟，既巧妙地解决了学生的争论，又使学生对文字的认知得到了升华。

2. 巧妙利用学生的智慧

课堂上，某一名学生智慧的发言往往能起到"一石激起千层浪"的作用，促使全班学生思维的迸发，教师要慧眼识金，及时捕捉资源。如我校刘璐老师在教学《北大荒的秋天》时，读到"成片的大豆摇动着豆荚，发出了哗啦啦的笑声"时，老师问，你从这"哗啦拉的笑声"中听到了什么？经过短暂的沉默后，一名学生说："我听到了大豆在赞美秋天呢，因为秋天的到来使豆子长大了"，老师及时赞赏了这位学生的想象力，接着问其他同学，还想到了什么呢？学生思维的闸门慢慢被打开，可以说是妙语连珠，有的说"我听到在豆子在唱大合唱呢"；有的说"大豆摇动着豆荚在炫耀自己的大丰收"；有的说，"我仿佛听到了大豆在说——我们长大了，长结实了。农民伯伯又能过一个丰收年了。"学生在此开放性问题的思考和揭示中，不断提升了想象力和文本的感受能力。

3. 善于利用突发事件

当外来的事物比教师教授的内容更吸引学生的兴趣时，教师不要一味追求按照预设的课程进行，要随机应变，因势利导。教师此时的反应往往能扶大厦之将倾，力挽狂澜，在关键时刻因"机"而发，随"机"闪现。如我校三年级的英语老师朱登阁上课时，课堂上突然飞来一只蜜蜂，学生开始注意力分散，把兴趣集中在这位"不速之客"身上。为了抓住学生的注意力，朱老师灵机一动，利用扎实的基本功在黑板上画下了一只可爱的小蜜蜂，学生们一下惊叹起来，接着，朱老师让学生们来标示小蜜蜂身体的各个部位。通过对这个突发事件的处理，既激发了学生们的学习热情与学习兴趣，又简单、巧妙地教授了要学习的内容。

（三）教师专业提升

广大教师参与雅美课堂建设的过程中，通过学习、实践、反思，不断更新教育、教学观念，加强专业知识学习，不断加深、拓宽、更新专业知识，深入开展课堂教学研究，教师做了深层次全方位的思考，让教师在专业发展上拥有了方向感、动力感、成就感。学校形成了一支勤学习、善思考、能研究的蓬勃向上的教师队伍。

（四）学生课堂投入

从现在的课堂可以看到，学生交流时能争先恐后，检查反馈时又能互相提醒，上中下游的学生都能真正投入到课堂的学习中去，而且学习的态度有所转变，直接带来的就是学习效率的提高。学生真正有了享受课堂的感觉，学生自我学习能力大大提高，学生的学习思维习惯的培养逐渐培养起来。在我们的雅美课堂上，教师精心预设教学环节，课堂上学生兴趣盎然，教师关注学生的课堂生成，关注学生的学习效果，巧妙捕捉课堂上生成性资源，变预设为生成，引导学生经历问题的解决过程，学生的参与度和思考的深度均有很大程度提高，课堂效率和质量又上了一个新台阶。

我校李素瑞老师参加"第十二届全国新世纪小学数学课程与教学系列研讨会"，所执教的《方程》一课，作为河南省唯一的推荐课例受到了现场观摩研讨并一举取得了一等奖的优异成绩。张高举老师执教的"信息技术课"荣获河南省一等奖。邹静老师在全省综合实践优质课评比中获得一等奖。在2014年金水区教育发展中心举办的优秀教研成果展评活动中，我校二年级、五年级、六年级语文教研组，低年级数学教研组，低年级英语教研组均获得先进教研成果一等奖；在全区教师基本功比赛中，我校岳倩、张会勤、刘炜、邵婷婷、刘璐、陈利璞等老师获得一等奖，王齐丹、李璠、吴慧慧等老师获得二等奖；在金硕杯教学展评活动中我校张会勤老师执教的语文课《诺贝尔》、刘炜老师执教的音乐课《友谊的回声》均获得金硕杯一等奖。一线教师在雅美课堂的引领下撰写了大量有一定价值的教学论文及案例，自2014年1月以来，我校区级获奖论文11篇，市级获奖论文8篇，省级优秀论文3篇。

高效的雅美课堂让原本枯燥的课堂在追求形式简单与内涵的深刻的过程中，充分尊重学生的天性，释放教师的潜能，让时代的追求在新课程改革背景下有效扎实的得以体现。在文化绿城小学全体人员的努力下，雅美课堂充满了勃勃朝气，绽放出新的生命！